贷款中介
健康发展研究

彭爱美　林锋　著

经济日报出版社

北　京

图书在版编目（CIP）数据

贷款中介健康发展研究 / 彭爱美，林锋著 . -- 北京：经济日报出版社，2025. 8. -- ISBN 978-7-5196-1596-3

Ⅰ . F832.4

中国国家版本馆 CIP 数据核字第 2025JS4228 号

贷款中介健康发展研究

DAIKUAN ZHONGJIE JIANKANG FAZHAN YANJIU

彭爱美　林　锋　著

出版发行：经济日报出版社
地　　址：北京市西城区白纸坊东街 2 号院 6 号楼
邮　　编：100054
经　　销：全国各地新华书店
印　　刷：文畅阁印刷有限公司
开　　本：710mm×1000mm　1/16
印　　张：11.25
字　　数：150 千字
版　　次：2025 年 8 月第 1 版
印　　次：2025 年 8 月第 1 次
定　　价：58.00 元

本社网址：www. edpbook. com. cn，微信公众号：经济日报出版社

本书如有印装质量问题，由我社事业发展中心负责调换，联系电话：（010）63538621

作者简介

彭爱美，北京联合大学应用科技学院应用经济系教工党支部书记，金融学专业副教授，密歇根州立大学访问学者，中关村互联网金融研究院兼职研究员。近年来主持局委办级课题 1 项、一级学会课题 1 项，主持慕课 1 门，主持校级课题 6 项，主编教材 4 部，发表论文多篇。

林锋，重庆步客科技有限公司执行董事。近年来，其所在公司致力于为经纪人提供一站式数字化服务平台，旨在提升经纪人的业务透明度、业务效率以及服务质量。

前　言

贷款中介是金融市场中一类特殊的机构或个人，其核心职能是为贷款人和借款人搭建桥梁，为贷款人和借款人订立贷款合同提供中介服务，并据此向贷款人收取佣金或从借款人处获得服务费。随着全球金融市场的日益融合与发展，贷款中介作为连接借贷双方的重要桥梁，在各国金融体系中扮演着不可忽视的角色。

贷款中介对银行和客户具有双向赋能作用。对银行而言，贷款中介为银行提供了贷款产品的批发功能，极大地拓展了银行的业务覆盖范围。通过调研发现，全国每年 4000 亿 ~5000 亿元的企业税票贷规模中，80% 通过贷款中介完成。另外，贷款中介作为银行的渠道获客方式还可能降低银行的融资成本。对客户而言，贷款中介能够为客户提供一站式的贷款申请服务，并凭借对金融机构各类贷款产品的深入了解和丰富经验，根据企业与个人的实际需求和财务状况，为其量身定制贷款方案，推荐最适合的贷款产品，这种方式降低了客户的“试错”成本和时间成本，大大提高了贷款申请的成功率。

毋庸讳言，在贷款中介行业蓬勃发展的过程中，也出现了不少不法贷款中介。不法贷款中介骗取高额手续费，诱导消费者违规转贷，教唆、帮助消费者伪造和利用虚假资料骗取银行贷款，恶意诱导消费者增加贷款额度、怂恿消费者从各类不同网络借款平台申请贷款，假冒银行名义诱导消费者申请贷款，提供名不副实的中介服务，甚至直接诈骗消费者的财产等。给消费者带来的危害不只是支付高额费用，或因银行要求提前收回贷款导致个人资金链断裂，消费者承担违约责任并影响个人征信，还有可能因此导致个人信息泄露或因伪造材料而承担相应法律责任等风险。

我国金融监管体系呈现“中央统筹、地方协同、部门联动”的特点，形成了以国家金融监督管理总局为核心，地方金融管理局协同以及市场监管部门、公安部门联动的监管网络。2016 年以来，监管部门持续加强对线上贷款中介（互联网贷款）的监管，消费者权益保护、金融营销、贷款利率等相关监管规则已经历多次修订与完善。与此同时，国家及地方监管机构积极严打不法贷款中介，规范金融行业健康发展。2023 年 3 月，原银保监会发布《关于开展不法贷款中介专项治理行动的通知》，开展了为期半年的不法贷款中介专项治理行动。地方监管机构包括广西、海南、上海、安徽、湖北、陕西、宁夏、吉林监管局，北京地方金融监督管理局等也相继发布了警惕不法贷款中介的风险提示，保护消费者的合法权益。多地银行业协会还发布自律公约，明确了银行机构在防范不法贷款中介中需履行的主体责任。

2023 年 12 月至 2024 年 4 月，我们在北京、成都和重庆等地走访了部分金融机构和贷款中介。根据实地调研和资料检索发现，当前贷款中介机构的审批主要以工商注册为准，其登记的经营范围以商务信息咨询、投资信息咨询、企业管理信息咨询、金融外包服务、贷款手续代办等为主，从业人员达到 300 万人。通过“企查查”平台查询企业的工商登记信息，截至 2025 年 7 月底，涉及信息咨询业务的企业达到 171 万家，涉及金融服务外包的企业 19.8 万家，涉及贷款业务的企业 28.7 万家，其中具体经营范围登记为贷款手续代办等业务的企业为 28470 家，主要分布在民营经济较发达的广东、浙江和江苏三个省份。线上市场方面，随着互联网技术的不断发展和普及，越来越多的贷款中介机构开始拓展线上业务。这些机构通过互联网平台提供线上咨询、申请和审批等服务，打破了地域限制，扩大了服务范围。同时，线上贷款中介机构也面临着激烈的竞争，需要不断创新和优化服务来吸引和留住客户。线下市场方面，传统贷款中介机构仍然占据一定市场份额。这些机构通过面对面的咨询和服务，能够为客户提供更加个性化和贴心的服务体验。随着市场竞争加剧和客户需求的变化，传统贷款中介机构也需要不断创新和改进来适应市场变化。

在国际方面，英国的贷款中介监管政策堪称典范。首先，其法律层面对贷款中介的职责和运作做出了明确的规定，确保了市场的透明度和公平性；其次，金融行为监管局（FCA）作为权威的监管机构，对贷款中介实施有力的监督，并制定了一整套严密的规则与标准以保障消费者权益；最后，行业的自律组织也在不断加强贷款中介的自我管理和行业规范，共同促进了市场的健康发展。美国对贷款中介的监管政策以完善的法律体系和严格的市场准入机制为基石。通过诸如《真实贷款法案》《抵押贷款许可安全和公平执行法案》等一系列法规，对贷款中介的业务范围、操作流程、信息披露等方面进行了详尽规定。此外，美国联邦监管机构，诸如消费金融保护局（CFPB）和联邦住房管理局（FHA）等，承担着对贷款中介市场进行严格监督的职责，并对任何违规行为实施严厉的处罚措施。与此同时，美国各州的金融保护与创新部（DFPI）以及房地产部（DRE）则专门负责贷款经纪人的许可登记和日常管理工作。美国贷款经纪人协会（NAMB）作为行业的自律组织也在不断加强贷款中介的自我管理和行业规范。这些举措共同确保了美国贷款中介市场的透明度、公平性以及健康有序的发展。澳大利亚的贷款中介监管政策也相当完善，法律对贷款中介的行为有明确规定，保障市场透明公平。权威监管机构澳大利亚证券和投资委员会（ASIC）则负责贷款中介的注册管理，制定严密规则保护消费者权益。同时，行业自律组织也强化贷款中介的自我管理，共同推动市场健康发展。日本、韩国的贷款中介监管政策也大致相同。

未来，贷款中介服务的发展趋势是线上化、智能化和规范化。要成为一名执业的贷款中介从业人员（或称贷款经纪人），我们认为最低学历应为大专或本科。另外，需要获得相应的贷款经纪证书，贷款经纪人独立开展业务时，需要投保职业责任保险，遵循从初级贷款顾问—中级贷款顾问—高级贷款顾问的职业晋升路径。参考澳大利亚的信贷许可证制度，应建立我国贷款中介的统一认证体系，以提升行业整体专业水平。在系统梳理我国现有贷款中介监管政策、充分借鉴西方国家和地区的先进监管经验的基础上，我们提出了以下促进我国贷款中介健康发展的政策建议：完善法律法规体系、加强监管协调与合作、强化行业自律管理、加强信息披露与透明度监管、加强消费者权益保护、实施从业人员备案管理、规范营业执照经营范围、加大不法贷款中介司法打击力度、成立第三方贷款中介评级机构、夯实银行对合作机构管理责任，以有效规范我国贷款中介市场秩序，保护消费者权益，促进金融市场健康稳定发展。

彭爱美负责撰写第一，第三，第四部分的二、四、五，第五部分，总字数 12 万字；林锋负责撰写第二部分、第四部分的一和三，总字数 3 万字。在专著的创作过程中，我们有幸得到了中关村互联网金融研究院刘勇院长、曹婷婷、杨小强、赵浚雅以及重庆步客科技有限公司战略顾问刘鑫五位专家的鼎力支持与悉心指导，在此向这五位专家致以诚挚的谢意，感谢他们为本书的顺利完成所做出的贡献。

本专著由北京联合大学应用科技学院学术著作出版资助。

彭爱美　林锋

2025 年 7 月

目录

C O N T E N T S

第一部分　绪论

一、研究背景 / 1
二、研究意义 / 2
三、研究方法 / 3
四、研究现状 / 5
五、理论基础 / 8

第二部分　贷款中介概述

一、贷款中介的分类 / 10
二、贷款中介的双向赋能 / 11
三、贷款中介服务的类型 / 15

第三部分 不法贷款中介乱象与治理

一、不法贷款中介的乱象 / 18
二、不法贷款中介的治理 / 39

第四部分 我国贷款中介行业发展现状

一、市场需求分析 / 50
二、市场供给分析 / 70
三、主要竞争者分析与市场份额 / 78
四、业务模式分析 / 86
五、盈利模式分析 / 96

第五部分 其他国家的贷款中介监管政策

一、英国的贷款中介监管政策 / 100
二、美国的贷款中介监管政策 / 111
三、澳大利亚的贷款中介监管政策 / 115
四、日本的贷款中介监管政策 / 132
五、韩国的贷款中介监管政策 / 133

第六部分　我国贷款中介健康发展

一、贷款中介服务的发展趋势 / 135

二、贷款中介的职业发展 / 136

三、贷款中介健康发展的政策建议 / 138

致谢 / 143

参考文献 / 144

附　录 / 147

第一部分　绪论

一、研究背景

贷款中介在现代金融市场中扮演着不可或缺的角色，其主要职责是为贷款人和借款人搭建沟通的桥梁，协助双方顺利签订贷款合同，并从中获取相应的佣金或服务费。近年来，随着金融市场的持续繁荣以及金融行业的不断创新，贷款中介行业在全球范围内呈现出蓬勃发展的态势，逐渐成为信贷市场中不可忽视的力量。然而，伴随着行业的快速扩张，一系列监管问题也逐渐暴露出来，如信息不对称导致借款人难以获取准确的贷款信息，欺诈行为时有发生，利益冲突使得贷款中介可能偏向贷款人而损害借款人利益等。这些问题不仅严重侵犯了消费者的合法权益，还对金融市场的稳定和健康发展构成了潜在威胁。

在全球范围内，各国和地区对贷款中介的监管政策及实践存在着显著的差异。一些国家和地区已经构建了相对完善的监管体系，通过制定明确的法律法规、设立严格的监管机构以及建立有效的行业自律组织，成功地规范了贷款中介的行为，有效地保护了消费者的权益，推动了市场的健康有序发展。例如，英国通过《消费者信贷法》等法律法规，对贷款中介的资质、业务范围、信息披露等方面进行了全面细致的规范，同时设立了金融行为监管局（FCA）等专业监管机构，对贷款中介进行严格监管。而有的国家和地区监管缺失或不足，导致贷款中介行业乱象丛生，贷款中介市场存在大量无资质经营、虚假宣传、高利贷等违法违规行为，市场公平性和透明度受到严重影响，严重扰乱了金融市场秩序。

在此背景下，对贷款中介的健康发展进行研究具有极其重要的现实意义。

二、研究意义

（一）理论意义

贷款中介监管与金融消费者保护之间存在着紧密而复杂的联系。本书聚焦于贷款中介监管，有助于深化对金融消费者保护的理论理解。不同国家的监管政策在金融消费者保护水平上存在明显差异，通过对这些差异的深入研究，能够进一步拓展和深化我们对金融消费者权益保护的理论认识。例如，一些国家采用严格的准入制度和信息披露要求来保护消费者，而另一些国家则侧重于行为监管和消费者教育。通过比较分析，可以更好地理解不同监管模式对消费者保护的影响机制，从而为优化国内金融消费者保护政策提供坚实的理论依据。此外，本书还可以丰富金融监管理论，特别是在对金融市场中介监管这一细分领域，为金融监管理论的进一步发展和完善提供新的视角和研究素材。

（二）实践意义

1. 为政策制定提供参考

通过系统地比较不同国家和地区的贷款中介监管政策和实践，可以提炼出一系列成功的监管经验和有效的做法。这些经验对于我国贷款中介监管政策的制定和完善具有重要的参考价值。例如，一些国家在监管中注重对贷款中介从业人员的资质管理，要求其具备专业的金融知识和从业经验，这为我国加强贷款中介从业人员管理提供了借鉴。将这些先进的监管经验引入我国，有助于提升我国贷款中介监管的科学性和有效性，从而更好地引导贷款中介行业健康发展，使其在促进金融资源合理配置、支持实体经济发展等方面发挥积极作用。同时，通过对我国贷款中介行业的现状进行深入调研，了解市场需求、市场供给、主要竞争者、业务模式和盈利模式等，有助于发现我国贷款中介行业存在的问题和未来发展趋势，为制定科学合理的监管政策提供依据。

2. 保护消费者权益

贷款中介行业的乱象，如虚假宣传、隐瞒重要信息、诱导消费者签订不合理贷款合同等，往往导致消费者权益受到严重损害。通过加强监管，可以有效遏止这些欺诈行为和利益冲突问题，保护消费者的合法权益。例如，完善信息披露制度，要求贷款中介在提供服务时必须向消费者充分披露贷款产品的关键信息，如利率、还款方式、违约责任等，使消费者能够做出更加明智的决策。

3. 促进市场公平竞争

贷款中介服务市场的非理性竞争现象日益突出，已成为诱发市场运行效率耗损与资金配置结构性失衡的重要因素。一些贷款中介为了争夺市场份额，不惜采取不正当竞争手段，如诋毁竞争对手等，扰乱了市场秩序，影响整个行业的健康发展。通过加强监管，可以规范市场秩序，打击不正当竞争行为，促进市场的公平竞争和良性发展。

三、研究方法

（一）文献研究法

通过广泛查阅国内外关于贷款中介的文献资料，包括学术论文、研究报告、政策文件、行业分析报告等，全面收集贷款中介行业的发展历程、监管现状、存在问题及发展趋势等方面的背景资料。这些文献资料涵盖了不同国家和地区的监管实践、理论研究成果以及行业动态，为后续的深入研究提供了坚实的理论基础和丰富的背景支持。通过对这些文献资料的系统梳理和分析，能够清晰地把握贷款中介领域的研究前沿和热点问题，为后续的研究工作指明方向。

（二）案例研究法

通过具体案例深入剖析贷款中介行业存在的问题及监管漏洞。本书精心选取了国内六方面具有代表性的贷款中介纠纷案例，这些案例涵盖了不同的业务类型、纠纷性质和监管环节，具有较强的典型性和代表性。通过对这些案例的详细分析，结合国际监管经验进行对比研究，深入挖掘监管漏洞，如资质审核不严、信息披露不充分、投诉处理机制不完善等，并据此提出针对性的优化路径。这些案例均来源于权威平台，如中国裁判文书网、人民法院案例库等，确保了信息的真实性和完整性。通过案例研究法，可以使研究结果更加贴合监管政策实际，为监管政策的完善提供有力的实证支持。

（三）比较分析法

比较分析法应用于对不同国家和地区贷款中介监管实践的深入剖析。通过系统地比较不同国家和地区在贷款中介监管方面的实践做法、成功经验及面临的挑战，并与我国贷款中介监管的现状进行细致的对比分析，能够揭示出其中的普遍规律、特殊差异以及可借鉴的经验。例如，在监管重点方面，通过比较分析可以发现不同国家对贷款中介的资质管理、业务范围、信息披露、消费者保护等环节的监管侧重点存在差异，从而为我国确定监管重点提供借鉴。通过这种比较分析法，能够使我们更加全面、客观地认识贷款中介监管领域的国际经验，为我国贷款中介监管政策的制定和完善提供科学依据，推动我国贷款中介行业的健康发展。

（四）问卷调查法

通过设计科学合理的问卷，广泛收集来自贷款中介从业者、贷款人（金融机构）、借款人等多主体的反馈信息，以深入了解贷款中介行业的实际运行情况、市场参与者的真实感受以及监管政策的实施效果。问卷内容根据不同群体的特点和需求进行设计，涵盖从业者的资质背景、业务操作流程、对监管政策的认知与评价，贷款人在选择贷款中介时的考虑因素、对服务的满意度，以及借款人在申请贷款过程中的体验、对服务的评价等。采用线上和线下相结合的方式发放问卷，确保样本的广泛性和代表性。通过统计分析软件对收集到的数据进行整理和分析，揭示不同群体之间的差异和趋势，为研究提供量化支持。

（五）访谈法

通过与贷款中介从业者、金融机构、专家学者以及市场参与者进行面对面的深入访谈，获取更加详细、深入和个性化的信息，以弥补问卷调查法的不足。访谈对象根据其在行业中的角色和经验进行选择，访谈内容围绕贷款中介的业务模式、市场竞争压力、风险防范、服务质量和权益保护等主题展开。采用半结构化访谈方式，访谈过程中根据访谈对象的回答灵活调整问题，确保访谈内容丰富且有深度。访谈结束后，对访谈记录进行详细整理和分析，提取关键信息和观点，归纳出访谈对象关注的主要主题和核心问题，并将访谈结果与问卷调查结果进行整合，形成更加全面和深入的研究结论，为监管政策的完善提供更有针对性的建议。

四、研究现状

（一）国际金融监管的现状与挑战

Martinez J D L 和 Rose T A（2023）对全球金融部门的综合监督进行了国际调查，分析了不同国家和地区在金融监督方面的实践经验，指出了当前国际金融监督面临的挑战，如跨境风险传递、监管套利以及技术创新带来的新风险，强调了加强国际合作与协调的重要性，以应对全球金融市场的复杂性。János Kálmán（2023）对匈牙利的金融监管模式进行了深入分析，详细阐述了匈牙利金融监管的制度框架，包括监管机构的设置、监管职责的划分以及监管政策的实施等。Louis J V（2022）探讨了欧盟在银行监管方面的制度框架和实践经验，指出欧盟通过制定统一的监管标准和规则，加强了成员国之间的监管合作与协调，提高了银行监管的效率和有效性。同时，欧盟还注重跨境银行监管的合作与信息共享，以防范跨境金融风险。

（二）贷款中介产生的原因

信贷市场中介主要通过两种方式与上下游联系：一是银行以相对较低的利率将资金发放给销售代理商或由销售代理商接盘，代理商以略高于一级市场的利率将资金发放给客户，获取利差收入，客户则省去了申请贷款繁杂的手续和冗长的时间；二是信贷销售代理商作为银行的销售代理，从银行挣取佣金（方晓燕，2005）。现实中客户更多选择通过贷款中介获得贷款，主要原因包括节约时间、提供多家银行的贷款产品、进行贷款资质包装提高申贷通过率等（张铭杰，2023）。

（三）贷款中介存在的问题

贷款中介可为银行提升业务规模，但也会给银行埋下声誉风险和贷后管理隐患。不法贷款中介造成道德风险威胁银行信贷资金安全，信息泄露风险侵犯借款人权益，违规套现风险扰乱正常金融秩序（杜庆娟，2023）。不法贷款中介常见的手段包括包装客户资质、应对银行贷前调查、谋划贷款资金流向、拉拢勾结银行从业人员、注册空壳公司并转让他人套取经营贷、提供受托支付通道和过桥资金等；高昂的贷款资质包装费用、“过桥”资金费用以及所谓的中介费用是不法贷款中介的获利来源；侵犯消费者合法权益、扰乱正常金融秩序、增加金融风险积累、削弱政策调控效果；借款人则存在违约隐患甚至涉嫌违法犯罪、过桥资金暗藏高额息费陷阱、“转贷”可能导致资金链断裂或承担市场风险、个人信息被泄露和非法使用的风险（娄飞鹏，2023；王永存等，2023；王涛，2023；张年辉，2023）。

（四）对不法贷款中介的治理

治理不法贷款中介需要多方合力，需要监管部门、银行机构、社会公众“三箭齐发”（欧阳班勇，2023），银行业金融机构坚持合规经营、金融监管部门加强监管、公安司法部门加大打击力度、金融消费者要提高防范意识等（娄飞鹏，2023）。李彦彦（2023）提出银行要改进金融服务，包括深化普惠金融、深化产品创新、强化规范经营等，以封堵不法中介生存空间。中国银保监会青岛监管局采取强化金融消费者教育、开展不法贷款中介专项治理行动、督促指导银行机构提升金融服务质效等措施打击不法贷款中介行为。上海在全国率先开展清理规范金融中介活动专项行动，相关监管部门与司法机关建立起了较为完整的区域性金融监管司法协作体系，已经形成金融治理的“上海模式”。广西银保监局组织制定《广西不法贷款中介专项治理行动方案》，以开展排查整治为重点，摸清风险隐患底数；以监管履职尽责为抓手，形成打击整治合力；以健全长效机制为关键，不断巩固整治成效；以加强宣传教育为手段，提升群众防范意识。通过建立黑名单制度、加强内部员工行为管理、建立内外部协调合作机制等措施，构建打击不法贷款中介的长效机制。丁鸣（2023）针对贷款中介机构扰乱金融秩序的现象，提出成立贷款中介商会，建立“黑名单”制度，公安部门牵头开展贷款中介涉黑检查，开展宣传教育优化金融服务，银行机构提升普惠金融服务水平，强化社会监督等建议。

（五）对贷款中介的监管

杨小强等（2024）通过细致对比分析英国和美国等国家在信贷中介监管方面的政策与实际做法，提出了符合我国国情的应对措施，如采用国际信贷中介监管政策与实践，推进信息披露及透明度等，为贷款中介监管给出了针对性的政策建议；宋科等（2021）剖析了监管沙盒在金融科技监管中的应用，对贷款中介监管具有一定的借鉴意义，他们着重突出监管方式的柔性及灵活性，为贷款中介监管提供了新的思路及手段。

（六）研究述评

综上所述，国内外对于贷款中介的研究已经取得了丰富成果。国外研究注重理论探讨和实证分析相结合，为理解贷款中介监管提供了理论基础和实证依据。国内研究则更加注重结合我国实际情况，提出具有针对性的政策建议和实践措施。当前研究仍存在一些不足之处，对于贷款中介法律法规体系方面的研究还不够深入。未来研究可以进一步关注这些方面，以提高贷款中介监管的科学性和有效性。加强国际间的合作与交流也是未来研究的重要方向之一，以共同应对全球金融市场带来的挑战和风险。

五、理论基础

（一）信息不对称理论

信息不对称理论指出，在金融市场中，贷款中介通常比贷款人掌握更多的借款人信息，这种信息优势可能导致贷款中介在业务操作中存在潜在的道德风险和逆向选择问题。例如，贷款中介可能隐瞒借款人的不良信用记录或过度负债情况，诱导贷款人发放贷款，从而增加贷款违约的风险。这种信息不对称不仅损害了贷款人的利益，也可能引发系统性金融风险。因此，监管政策需要通过强制信息披露、信用评级等手段，减少信息不对称，保护贷款人的合法权益，维护金融市场的稳定。

（二）金融监管理论

金融监管理论强调通过政府或独立监管机构的介入，制定和执行相关法律法规，以维护金融市场稳定、保护消费者权益和促进公平竞争。在贷款中介行业，监管机构通过设定市场准入门槛、规范业务操作流程、监督市场行为等手段，确保贷款中介在合法合规的框架内运营。有效的金融监管能够减少市场中的欺诈行为和不正当竞争，保护消费者的合法权益，同时也有助于提高金融市场的透明度和效率，促进金融资源的合理配置和市场的长期稳定发展。

（三）消费者权益保护理论

消费者权益保护理论关注在市场交易中保护消费者免受不公平交易和欺诈行为的侵害，强调消费者在市场中的弱势地位，需要通过外部干预来保障其权益。在贷款中介行业中，消费者（借款人）往往面临诱导性营销、虚假宣传等问题，容易受到损害。因此，监管政策应注重保护消费者权益，例如要求贷款中介提供透明的信息披露、规范营销行为、加强从业人员资质管理等。通过这些措施，可以有效遏制欺诈行为和利益冲突问题，为消费者营造一个更加安全、透明、公平的市场环境，促进贷款中介行业的健康发展。

第二部分　贷款中介概述

一、贷款中介的分类

与我国保险市场中的保险代理人和保险经纪人角色类似，我国的贷款中介也可大致划分为两大类型。

第一类贷款中介主要依托自身庞大的流量或深厚的客户资源，接受贷款人的正式委托，为其提供精准的引流获客服务，进而从贷款人那里获得应得的佣金，类似于“贷款代理人”。这类中介不仅在传统领域如住房抵押贷款、汽车贷款业务中占有一席之地，例如知名的链家、贝壳等房产中介以及各大汽车经销商，也在新兴的互联网贷款业务中展现出强大的活力，如新浪数科、百望股份等便是其中的佼佼者。

第二类贷款中介则侧重于利用自身对多家贷款机构产品的深入了解和信息优势，站在借款人的角度，基于借款人的利益，为其寻找最匹配的贷款人，并根据服务成果从贷款人处收取佣金或从借款人处收取服务费，类似于“贷款经纪人”。这类中介在传统贷款业务中尤为常见，是金融市场中不可或缺的一部分。

二、贷款中介的双向赋能

（一）贷款中介对银行的赋能

1. 贷款中介的市场赋能作用

贷款中介作为金融市场的重要参与者，为银行提供了贷款产品的批发功能，极大地拓展了银行的业务覆盖范围。通过调研发现，全国每年4000亿~5000亿元的企业税票贷规模中，80%通过贷款中介完成。以办公逸（北京靠谱前程网络技术有限公司）为例，作为小微企业税票贷的互联网银行一级代理商，其通过直营电商团队和下游贷款中介开展业务，服务对象涵盖7~8家直签银行和30家总服务银行，主要提供经营贷和信用贷。这表明贷款中介不仅能够有效整合市场资源，还能通过其专业服务能力，帮助银行快速拓展业务，提升市场竞争力。主要的税票贷一级代理商如表2-1所示。

表2-1　主要的税票贷一级代理商

主要的税票贷一级代理商	服务内容
百望股份（北京）	百望股份首先是国家税务总局增值税发票管理基础设施服务商；其次是面向产业互联网的SaaS服务商，为客户提供数字资产的信息安全、交易管理及数据智能等全流程服务；最后是面向银行等金融机构提供智能化的信贷决策支持和线上化信贷解决方案的金融科技服务商
用友畅捷通（北京）	畅捷通信息技术股份有限公司是用友旗下成员企业，公司成立于2010年3月，并于2014年6月26日在香港联合交易所有限公司主板挂牌上市，是中国领先的小微企业财税及业务云服务提供商
办公逸（北京）	办公逸（北京靠谱前程网络技术有限公司）于2014年成立，属于金融科技企业。公司业务包括HR SaaS人力资源系统和小微企业税票贷。业务开展一种是公司有直营电商团队，另一种是依靠贷款中介，贷款中介是公司的下游企业。公司的服务对象是互联网银行，直签代理协议的银行有7~8家，总服务银行30家

续表

主要的税票贷一级代理商	服务内容
金蝶信科(深圳)	金蝶信用科技(深圳)有限公司是金蝶集团旗下子公司，作为金蝶布局信用科技领域的重要成员，金蝶信科成立于2015年，依托金蝶生态数据优势、客户资源以及技术优势，致力于“让每个企业拥有数字信用”，创造性地将金蝶数据能力与信用科技相结合，形成集企业征信、评信、用信于一体的全链条创新，以“数字化生意+数字化信用+数字化信贷”模式为增长飞轮，与超40家银行金融机构建立合作，服务覆盖中国31个省市自治区，为超过30万家小微企业提供了普惠金融服务。2011年，金蝶信科提出打造“云管理”世界，积极探索场景和数据应用的价值
深圳客一客(深圳)	客一客科技是一家国内领先的综合产融数字化科技平台，致力于以AI、大数据技术与SaaS化部署等互联网科技为基础，结合前沿技术、营销科技与全方位服务体系，赋能泛金融从业群体，并服务银行、持牌机构等合作伙伴
深圳建科网络(深圳)	建科网络成立于2016年，面向公共装饰行业，以项目主计划管理为核心，凭借“公装云”平台，实现“材料流、资金流、劳务流”的信息化、流程化控制。搭建公装公司、材料商、劳务供应商、业主之间最具价值的一站式直连互通管理平台，实现材料和劳务阳光采购，让项目管理及时精准，让各方收益大幅提升
小丁智银(珠海)	横琴小丁智银科技有限公司成立于2018年6月6日，经营范围包括接受金融机构委托从事信息科技技术外包，接受金融机构委托从事金融业务流程外包，接受金融机构委托从事金融知识流程外包(金融机构指具备放贷资质牌照的机构)，通信设备、计算机、网络信息专业内的技术开发、技术咨询、技术服务、技术转让、系统集成，信用风险管理平台开发，云平台计算服务，商务咨询，数据处理服务，市场信息咨询与调查；电脑图文设计，网页制作，网站建设，电脑网络工程，设计制作代理各类广告；电子结算系统开发及应用
安徽财金(合肥、北京)	安徽财金信息科技有限公司成立于2015年9月，是一家国内领先的精准获客工具服务平台，在合肥、北京等地均有分公司，旗下产品以蓝鲸纪App、蓝海云SaaS系统为代表。公司旨在通过搭建社交化、联盟化等变现平台实现渠道流量分发，对互动体验、异常流量、用户分析与数据建模等进行综合有效的结果；为企业主提供按效果付费的流量输入，为流量主提供方便快捷的流量商业化解决方案，从而实现流量主KOL价值的自我挖掘、保障企业主更大化的利益。目前，公司已相继在专业技术、风控、大数据、互联网金融等领域获得行业认可

续表

主要的税票贷一级代理商	服务内容
上海大乾柜（上海）	大乾柜（上海）网络科技有限公司成立于2020年4月2日，经营范围包括一般项目：技术服务、技术开发、技术咨询、技术交流、技术转让、技术推广；互联网销售（除销售需要许可的商品）；广告设计、代理；广告发布（非广播电台、电视台、报刊出版单位）；广告制作；软件开发；大数据服务；数据处理和存储支持服务；企业管理；信息咨询服务（不含许可类信息咨询服务）；财务咨询；税务服务；知识产权服务；商标代理；计算机软硬件及辅助设备批发；计算机软硬件及辅助设备零售；电子产品销售；工艺品及收藏品零售（象牙及其制品除外）；工艺美术品及收藏品批发（象牙及其制品除外）；日用百货批发；二手日用百货销售；文具用品批发；文具用品零售；办公设备耗材销售；市场营销策划
小麒乖乖（昆明）	小麒乖乖是一家专注于为中小微企业提供综合性服务的科技型平台。企业以科技创新为突破口，通过大数据、人工智能等技术高效服务中小微企业，目前已形成"科技创新＋平台赋能＋生态共建"模式，在苏州、南京、杭州、广州、武汉、重庆、成都、天津、济南、郑州、合肥、石家庄、青岛、佛山、东莞、珠海等多个城市设有分公司及办事处，服务10000多家金融服务企业，累计帮助22万多家中小微企业完成融资，构建共生共赢生态圈，实现让融资更简单

2. 贷款中介对银行融资成本的影响

贷款中介的存在并不必然会推升银行的融资成本，反而可能通过优化银行的获客方式，降低银行的融资成本。银行获客主要有两种方式：直销和渠道获客。渠道获客相较于直销成本更低，效率更高。一些大型服务银行的企业，如金蝶和用友，也是互联网银行的一级代理商，它们通过自身的客户资源和专业服务，帮助银行更高效地触达客户。此外，共享办公平台等新兴模式也为贷款中介提供了新的业务拓展渠道。通过共享平台的背包客，贷款中介能够更高效地推广银行贷款产品，实现业务量的快速增长。这种模式不仅提升了银行的业务效率，还通过规模效应降低了银行的融资成本，实现了多方共赢。

（二）贷款中介对客户的赋能

1. 降低客户的“试错”成本和时间成本，增加贷款可获得性

作为企业经营者和消费者个人，在面对市场上琳琅满目的金融机构贷款产品时，往往会陷入选择困境。毕竟，不同金融机构的贷款审批标准和通过率各不相同，难以事先确定哪款产品能够成功申请。然而，每一次的贷款申请都意味着企业和个人征信记录的一次查询。若企业和个人频繁地“试错”，不断尝试申请各种贷款产品，其征信报告将被多次查询，这种行为在正规金融机构眼中无疑是风险信号的累积。经过多次查询后，企业和个人获得正规金融机构贷款的可能性将大幅降低，几乎可以说是被列入了贷款“黑名单”。此外，企业和个人奔波于多家金融机构之间，也耗费了大量的时间和精力。

贷款中介凭借对金融机构各类贷款产品的深入了解和丰富经验，根据企业与个人的实际需求和财务状况，量身定制贷款方案，推荐最适合的贷款产品，降低了客户的“试错”成本和时间成本，大大提高了贷款申请的成功率。

2. 为客户准备资料，增加贷款可获得性

贷款申请的烦琐流程和申请材料不断重复的提交，无疑给企业和个人带来了沉重的负担。在实际操作中，许多借款人由于缺乏专业知识和经验，往往难以准确理解和准备所需的申请材料，导致申请过程漫长且容易出错。这不仅浪费了大量时间和精力，还可能因材料不全或不符合要求而被银行拒贷，进一步增加了融资难度。

贷款中介凭借其专业的知识和丰富的经验，能够为客户提供一站式的贷款申请服务。他们熟悉银行的贷款政策和要求，能够根据客户的具体情况，精准地准备和整理申请材料，确保材料的完整性和准确性。

通过这种方式，贷款中介不仅为客户节省了时间和精力，还显著提高了贷款的可获得性。特别是对于那些缺乏金融知识和经验的小微企业主和个人借款人，贷款中介的专业服务显得尤为重要。他们能够帮助客户避免

因材料问题而导致的拒贷风险，从而更快地获得所需资金，支持其业务发展或个人需求。这种专业化的服务不仅提升了客户的满意度，也为金融市场的发展注入了新的活力，促进了金融资源的合理配置。

三、贷款中介服务的类型

（一）贷款申请代办服务

1. 服务概述：贷款申请代办服务主要关注于为客户处理贷款申请过程中的各项行政和文书工作。这包括收集必要的财务资料、填写和提交贷款申请表格等，旨在简化客户的贷款申请流程，使之更为便捷和高效。

2. 服务特点：操作性强，注重解决具体办理过程中遇到的问题，降低客户在贷款申请过程中的时间和精力投入。

3. 目标客户：适用于已经确定了贷款需求，但希望避免烦琐申请流程，或不熟悉贷款申请程序的个人或企业客户。

贷款申请代办机构是专业贷款顾问，提供一站式贷款代办服务，省去材料重复提交、贷款来回奔波等问题。大部分的贷款中介机构提供一站式服务。从客户接受金融代办机构服务当天开始，就由专业的客户服务人员为客户提供服务。从选择贷款银行，到预约评估机构上门评估，到银行审批，再到后期办理过户及抵押登记手续，办理程序的每一步都可以由客户服务人员替客户安排、帮助办理。并与金融机构 / 银行长期合作，代办中介可能有独家渠道，利息更低、办理更快、效率更高。减少了借款人因为材料不全、资质不合格等原因来回奔波的时间成本。

（二）贷款经纪服务

1. 服务概述：贷款经纪服务不仅包括协助客户完成贷款申请的相关手续，还涉及为客户匹配合适的贷款产品和贷款机构。这项服务通过专业的市场知识和谈判技巧，在客户与金融机构之间进行有效的沟通和协调，以争取最优惠的贷款条件。

2. 服务特点：需要一定的市场知识和专业技能，旨在连接客户与金融机构，提供个性化的贷款撮合服务。

3. 目标客户：适合那些需要专业人士帮助选择贷款产品，或期望通过专业协助获得更优贷款条件的个人或企业客户。

贷款经纪人是以销售银行和非银行机构贷款产品为主业的金融服务人员。贷款经纪人具有一定的金融背景，充当借款人和贷款人之间的桥梁作用。贷款经纪人与各种借款人合作，包括银行机构和非银行机构，为客户寻找最佳的抵押贷款利率并争取好的条款。贷款经纪人通常可以代理不同的贷款产品，根据客户需求找到借款人最适合的一款。借款人可以在贷款经纪人帮助下得到更多的选择和更实际的利益。贷款经纪人为借款人从众多的贷款机构产品中，选择最合适的贷款产品，调配最优惠的贷款政策，并帮助贷款以及下贷后的一站式全面服务。有时他们凭借专业知识和丰富经验可以解决许多疑难性的问题，借款人不仅可以得到专业的服务，还可以省却大量的精力和金钱，规避损失少走弯路。

（三）贷款顾问服务

1. 服务概述：贷款顾问服务提供全面的贷款咨询，包括但不限于贷款产品选择建议、财务规划、投融资筹划、资本结构管理和风险评估。这项服务强调深入的专业知识和技术含量，旨在为客户提供定制化的贷款解决方案和策略。

2. 服务特点：专业性和咨询性强，注重长期的财务规划和策略制定，帮助客户做出明智的贷款决策，并优化其财务状况。

3. 目标客户：适合对贷款产品和市场选择有较高要求，需要综合性财务咨询和规划服务的个人或企业客户。

贷款顾问是向借款人提供有用的信息、政策介绍，推荐最为适合借款人的贷款方案。对于大多数的金融中介服务机构来说，因为常年与数家甚至几十家银行合作，掌握着每家银行最新的贷款政策，并且对于每家银行贷款政策的优势和劣势都了如指掌，所以他们可以针对借款人的情况，向借款人推荐合适的银行。通过贷款顾问，借款人的贷款方案得以优化，在满足贷款要求的前提下，匹配利息最低的银行产品。

（四）三种服务的比较

贷款申请代办服务是贷款中介提供的基础服务类型，参与程度和技术含量相对较低。主要服务内容包括帮助借款人准备贷款申请材料、办理相关手续等，类似于房产交易中的“过户代办”。这种服务的优势在于方便快捷，能够为借款人节省大量的时间和精力，尤其适合那些对贷款流程不熟悉或没有时间亲自办理的客户。其劣势在于服务范围较窄，技术含量较低，主要集中在基础的材料准备和手续办理上，难以提供更深入的金融建议和优化方案。

贷款经纪服务的参与程度和技术含量处于中等水平。主要服务内容包括贷款咨询、贷款评估、贷款撮合等。贷款经纪能够帮助借款人选择合适的贷款产品，提高贷款效率，并通过与多家银行合作，为借款人争取更优惠的贷款利率和条件。这种服务的优势在于服务范围更广，技术含量更高，能够为借款人提供更全面的金融建议，帮助其做出更明智的决策。其劣势在于需要一定的专业知识和经验，借款人选择贷款经纪机构时需要谨慎，以确保获得高质量的服务。

贷款顾问服务是贷款中介提供的最高层次的服务，参与程度和技术含量最高。主要服务内容包括贷款方案设计、融资方案设计、财务顾问等。贷款顾问能够帮助借款人制定综合性的金融解决方案，不仅提供贷款申请的全程服务，还能根据借款人的财务状况和需求，设计最适合的融资方案，降低贷款风险。这种服务的优势在于服务范围最广，技术含量最高，能够为借款人提供最全面的金融服务，适合有复杂金融需求的客户。其劣势在于服务费用较高，通常需要借款人支付较高的咨询费用，因此更适合那些对金融服务有较高要求且能够承受相应费用的客户群体。

第三部分　不法贷款中介乱象与治理

在贷款中介行业蓬勃发展的过程中，不法贷款中介也随之出现，严重扰乱了金融市场秩序，损害了消费者权益，也给整个行业的健康发展带来了极大的挑战。

一、不法贷款中介的乱象

（一）骗取高额手续费，给消费者带来支付高额费用的风险

在金融市场中，非法贷款中介的活动不仅侵害消费者的合法权益，还破坏市场的正常秩序。其中，高额手续费的收取是这些中介机构的主要盈利模式之一，这种做法不仅加重了借款人的财务负担，而且增加了市场的不透明度和风险。高额手续费的收取通常涉及贷款中介公司利用借款人对于金融产品和服务的知识缺乏，通过提供表面上看似合理的“帮助”来实施欺诈。这种模式下，贷款中介的收入来源于借款人的额外支付，而这种额外的支付实际上增加了借款人的还款成本。从更广泛的角度来看，收取高额手续费的行为破坏了金融市场的基础功能之一——为借贷双方提供一个公平、透明的交易环境。在这种不透明的市场环境中，借款人在进行贷款决策时，无法准确评估所有相关的成本和风险，只能依赖于贷款中介提供的信息，这会导致借款人面临更高的还款压力，从而增加了违约风险。

此外，高额手续费的收取还可能涉及各种形式的预处理费用、咨询费、保证金等，这些费用往往以各种理由出现，但实际上是贷款中介机构

为了获取更多利益而设置的前置条件。这些费用的收取，往往是在签订借款人与银行之间的贷款协议之前，增加了借款人的经济负担，并且这种负担在贷款合同中并没有得到相应的体现。

综上所述，收取高额手续费是非法贷款中介活动中的一个重要问题，它不仅增加了借款人的还款负担，而且破坏了金融市场的公平性和透明度。

案例 1：吴某杰、韦某良等贷款中介合同纠纷案例分析

案情简介：韦某良、吴某杰共同接受江某珍的委托，为江某珍提供贷款中介服务，双方约定中介费用为贷款金额的 15%，江某珍共向韦某良、吴某杰支付 7 万元的中介服务费。后江某珍向法院提起诉讼，请求法院判决中介合同无效。法院经一、二审判决采信江某珍的主张，进而认定案涉中介合同扰乱了金融秩序、违反公序良俗和损害社会公共利益，为无效合同，韦某良、吴某杰因合同取得的 7 万元，应共同返还给江某珍。

案例分析：本案涉及贷款中介合同效力认定及责任承担问题。本案关键争议点在于高额中介费（15%）的合理性，法院认定该约定扰乱金融秩序、违背公序良俗和损害社会公共利益，依据《中华人民共和国民法典》（以下简称《民法典》）第一百五十三条判定合同无效，判令共同返还 7 万元中介费。本案典型意义在于：一是对以银行回扣为名收取高额费用的行为给予否定评价，维护金融市场秩序；二是重申司法机关对违法中介合同的司法审查权，即便公安机关未予刑事立案，民事法庭仍可独立认定合同违法性。

案例 2：易某被贷款中介骗取高额手续费

案情简介：易某，因做手机生意需要资金周转，自己申请贷款失败，经朋友推荐，前往中介公司，全程中介用易某手机操作。易某仅需提供身份证、银行卡、手机给中介人员，本人设置密码。易某对具体贷款平台、流程全然不清楚，中介人员也未告知。易某与中介人员谈好的收费比例是

15%，下款1000元后，中介人员以“办理贷款的流程”为由，要求客户将放款资金转至中介人员私人银行卡上，后中介人员扣除了200元后只退还给客户800元。因实际收费比例达到20%，与前期约定的15%不符，双方发生争执。又因未满足易某的额度需求，中介又将易某再推荐给另外的黑网贷中介。

案例分析：

上述案例中涉及的中介违规行为如下：

①下款后中介要求客户将钱转至中介卡上，扣除手续费后再转给客户；

②再将客户转介给其他黑网贷中介；

③私自接管客户设备，获取个人身份信息、贷款账户信息；

④实际手续费收取标准与前期约定不符；

⑤未告知客户贷款产品内容；

⑥删除行为记录（App、小程序、短信）。

案例3：贷款中介公司收取各类服务费

案情简介：小马公司和小蚂蚁公司成立后，其主要业务是帮助有需要贷款的客户提供贷款服务。业务员批量拨打陌生电话，谎称其公司与银行“有关系”，贷款利息低，贷款时间长等，招揽客户推荐贷款项目。将被害人骗至公司后，由业务员、业务主管（组长）、门店经理等与被害人见面，承诺只收取少量的服务费（一般是贷款批复额1%~5%），骗取被害人信任后与被害人签订贷款服务合同，然后带被害人去银行办理贷款，并诱骗被害人签订代扣协议或诱骗被害人将银行卡、U盾交由其公司管理，被害人贷款批复后，业务员以信用等级评价不够为由欺骗被害人，向被害人收取莫须有的高额“风险保证金”“渠道费”“发票费”“账户管理费”“服务费”等费用，并通过第三方代扣、直接从被害人账号划扣、被害人直接缴纳等形式收取上述费用。骗取的费用，按照被害人被骗的数额，每个业务员提成10%~19%的比例不等。

案例分析： 许多贷款中介公司以莫须有的名义收取各类服务费，在互联网上购买大量公民信息，并利用购买的相关公民信息对外经营放贷业务。中介公司利用被害人急需用钱且不熟悉金融及法律知识的弱点，诱骗被害人签订空白合同、空白借据，通过制造虚假资金流水，肆意收取高额服务费、管理费等方式诈骗被害人财物。

案例 4：中介机构隐瞒贷款的高额服务费骗取受害人办理贷款

案情简介： 在代理“金烟贷”业务时，先由话务员宣称其公司系中国烟草公司或中国新商盟合作单位（注：“金烟贷”系云联金服公司推出的贷款项目，云联金服公司系中国烟草公司或中国新商盟合作单位，星航公司、金航公司均非中国烟草公司或中国新商盟合作单位），以低利息、办理不需要费用、不使用不产生费用、随借随还等向从事烟草零售的被害人进行推销。再由业务员到被害人经营场所，隐瞒收取服务费的事实为被害人办理“金烟贷”，不经解释说明诱骗客户签署或代客户签署借款协议、委托代扣协议等。继而给被害人放贷甚至未经被害人同意擅自放贷，贷款到被害人账户后即扣除贷款金额 6% 或 8% 的服务费。

案例分析： 许多中介机构隐瞒贷款的高额服务费骗取受害人办理贷款，之所以协助受害人骗取经营贷的贷款，就是为了通过后续“套路贷”诈骗受害者，此行为可能构成骗取贷款罪与诈骗罪。本案中就骗取贷款的指控事实，因受害银行提起了民事诉讼，故无法确定被告人在贷款过程中的欺骗行为会给银行造成重大损失，对公诉机关该项指控法院未予认定。

案例 5：贷款 17 万元，中介费高达 3.6 万元

案情简介： 2022 年 7 月，某信息技术咨询服务公司联系张某，告知其能帮助张某申请低息贷款。同月 22 日，双方签订《融资居间服务合同》，约定公司为张某提供金融机构贷款中介服务，协助张某完成相关手续，委托办理融资贷款居间服务费为 3.6 万元。张某在“居间服务总手续费为 3.6 万元”以及“总手续费支付方式为广东某信息咨询有限公司划扣”处摁手印。在某信息技术咨询服务公司工作人员的引导下，张某扫描了公司预先放置的二维码。当天，在某信息技术咨询服务公司的帮助下，张某很快获得某银行贷款 171500 元，贷款年利率为 3.9%，贷款期限为 1 年。银行贷款快速到账，张某庆幸自己找了一家靠谱的贷款中介机构，但随后却收到了银行卡的扣款短信。张某立即在手机银行查询了交易记录，发现系被广东某信息咨询有限公司分 3 笔总计划款 3.6 万元。于是，张某立即联系某信息技术咨询服务公司的工作人员，才得知原来合同约定的居间服务费竟高达 3.6 万元，同时委托广东某信息技术咨询有限公司代扣该笔费用。这时，张某才意识到原来扫描二维码是办理代扣服务费之用，他对自己草率签订合同的行为感到懊悔不已。

发现贷款中介的“套路”后，张某以该公司采用欺诈手段收取高额服务费为由向法院起诉，要求退还全部服务费。某信息技术咨询服务公司认为，公司确实收取了张某 3.6 万元服务费，但公司会根据客户负债情况、信用卡使用率、逾期及还款能力等因素匹配适合借款人的产品，也要付出较大人力成本，公司的收费标准合情合理。而且公司在签订合同过程中，没有任何欺诈、胁迫等行为，张某也是自愿在合同的收费金额和收费方式处均摁了手印，所以本案的《融资居间服务合同》是双方的真实意思表示，且不违反法律法规的强制性规定，合法有效。同时，现在合同已履行完毕，张某要求退还中介服务费没有事实和法律依据，法院不应支持张某的诉讼请求。

案例分析：

法院审理后认为，案件的审理焦点是某信息技术咨询服务公司是否应当退还已收取的中介服务费及退还具体金额。根据《民法典》第一百四十三条规定，有效的民事法律行为应当具备下列条件：行为人具有相应的民事行为能力；意思表示真实；不违反法律、行政法规的强制性规定，不违背公序良俗。根据《民法典》第十八条规定，成年人为完全民事行为能力人，可以独立实施民事法律行为。

张某已年满十八周岁，是完全民事行为能力人，且张某作为事业单位工作人员，更应当具备一定的法律常识，在签订案涉合同时，应当对整个合同内容，特别是合同关于双方权利义务等重要条款进行认真阅读。张某称公司采用欺诈手段，与其签订案涉合同，但张某未向法院提交相关证据予以佐证，因此法院不予采纳。

双方签订的《融资居间服务合同》系双方当事人真实意思表示，且内容不违反法律、行政法规的强制性规定，不违背公序良俗，合法有效。根据《民法典》第五百零九条规定，当事人应当按照约定全面履行自己的义务。某信息技术咨询服务公司按照合同约定协助张某办理了贷款事项，且张某实际也通过与相关银行签订贷款合同获取了银行贷款金额，某信息技术咨询服务公司已完全履行了合同义务。因此，张某应当依约支付中介服务费。

同时，法官认为，费用收取应遵循公平原则。一方面，张某向银行的借款年化利率仅为3.9%，服务费已接近其实际获得贷款金额的21%，而某信息技术咨询服务公司提供的服务是提供贷款信息并协助办理贷款，就社会公众一般认知而言，该服务费明显已超出正常融资的合理范畴，不符合公平原则，也不利于维护健康有序的金融市场秩序，应当依法予以调整。另一方面，本案中介服务费支付方式是由广东某信息技术咨询有限公司代扣，具体操作系在某信息技术咨询服务公司工作人员引导下开展，工作人员在指导该项操作时并未对二维码的用途、风险等进行充分提示说明，与张某主动向公司交纳中介服务费有较为明显的区别。

综上，法院酌情将中介服务费调整为17510元，判决某信息技术咨询服务公司向张某退还中介服务费18490元。判决后，某信息技术咨询服务公司履行了判决义务，双方均表示服判息诉。

案例启示：

现实生活中，借款人一般资金需求较为迫切，无法及时获取合适的贷款项目，而此时贷款中介机构利用信息差，能够较快匹配合适的贷款项目，帮助借款人解决资金难题，中介机构收取一定服务费本无可厚非。

金融居间服务费收费既无行业标准，也无法律规定，但过高的服务费应当受到法律规制。在确定服务费金额时，应当根据合同签订时的具体情况、服务内容、实际获得贷款金额等因素综合考量。

借款人在签订借款居间合同时，应当认真阅读合同内容，特别是涉及居间服务费、支付方式等重要条款，更应谨慎处理。而在办理贷款过程中，对中介公司提出扫描二维码等要求，一定要弄清楚为什么要扫码，扫码会有什么后果，充分了解以上内容后再签字摁手印。同时，要注意保留好相关证据，以免发生不必要的纠纷。

贷款中介机构应当坚持诚信经营、公平竞争。《中华人民共和国民法典》第六条规定："民事主体从事民事活动，应当遵循公平原则，合理确定各方的权利和义务。"贷款中介服务涉及面广，关系到人民群众的切身利益。在收取服务费时，贷款中介机构应当根据服务内容确定服务费收费标准，确保收费合理、合法。同时，对合同内容的格式条款，特别是涉及双方当事人权利义务等内容需向借款人进行提示说明，充分保障借款人的知情权和选择权，努力营造公平公正的金融市场秩序。

（二）诱导消费者违规转贷，给消费者带来银行提前收回贷款导致资金链断裂的风险

不法中介机构或个人冒充银行金融机构工作人员，以帮助"提前还贷""转贷降息"为名，诱导金融消费者用经营贷、消费贷置换房贷甚至违规办理转贷业务。如果消费者未按贷款合同约定用途，将原本用于经营、消费的贷款用于偿还房贷，可能被提前收回贷款，并需承担违约责任；若贷款不能准时偿还，还会被罚息，且影响个人征信。

案例：警惕违规转贷

案情简介：王先生在某银行办理了房屋按揭贷款。数月后，王先生经朋友介绍称，朋友的A公司专门办理转贷中介业务，可以帮他把按揭贷款置换成经营性贷款。王先生心想只要出些手续费，就可以节省大额的利息，于是同意了。A公司将之前注册的某家公司的法人变更为王先生，伪造了相应的业务流水和业务合同，并提供了资金帮王先生结清了之前的按

揭贷款。王先生支付完垫资过桥利息、手续费、服务费等不同费用后，就摇身一变成为一位企业主，顺利在朋友那儿办理了经营性抵押贷款。

不久后，负责贷后检查的银行员工发现王先生的这笔贷款并未按照合同要求用于生产经营，而且王先生名下的这家公司就是家空壳公司。银行随即对这笔贷款重新进行了审查，发现王先生的朋友收取了A公司的“好处费”，为王先生办理了贷款置换。随即，银行要求王先生立即归还该笔贷款，王先生的个人征信也留下了不良记录。

案例分析：靠中介包装申请经营贷是违规的。银行对申请经营贷的公司有多方面的要求，也会对此加大审核力度。即使中介通过弄虚作假的手段成功帮客户申请到经营贷，在贷后管理中，银行也会跟踪该公司的经营情况，一旦发现异常，监测到贷款违规进入楼市，银行将会要求客户限期还清所有贷款，客户个人征信也会留下不良记录。一些不法贷款中介发掘“商机”，向消费者推介房贷转经营贷，宣称可以“转贷降息”，诱导消费者使用中介过桥资金结清房贷，再到银行办理经营贷归还过桥资金。并从中收取垫资过桥利息、服务费、手续费等各种名目的高额费用，然而，这种将房贷置换为经营贷的操作隐藏着违约违法隐患、高额收费陷阱、影响个人征信、资金链断裂、侵害信息安全等风险。

案例启示：

（1）违规“转贷”的风险

1）中介违规操作给消费者带来违约违法隐患

根据相关监管规定，经营贷须用于生产经营周转。银行与消费者签订的贷款合同会明确约定贷款用途，但在“转贷”操作下，银行若发现经营贷款资金未按照合同约定使用，最终将由消费者承担违约责任，不但可能被银行要求提前还贷，个人征信也会受到影响。此外，在经营贷办理过程中，不法中介宣称可以提供办理各项证件、材料的服务，“帮助”消费者申请贷款，其实是通过伪造流水、包装空壳公司等手段获得申请经营贷资格，此行为涉嫌骗取银行贷款，消费者甚至可能会被追究相关法律责任。

2）中介垫付“过桥资金”，息费隐藏诸多猫腻

不法中介所谓的“转贷降息”，需要消费者先结清住房按揭贷款，再以房屋作抵押办理经营贷。不法中介为牟取非法利益，往往怂恿消费者使用中介的过桥资金偿还剩余房贷，并从中收取垫资过桥利息、服务费、手续费等各种名目的高额费用，消费者“转贷”后的综合资金成本可能高于房贷正常息费水平。即使最终申请经营贷失败，消费者仍将被中介要求承担上述各项高额费用，同时还将承担高息过桥资金的还款压力。

3）“以贷还贷”“转贷”操作有资金链断裂风险

经营贷与住房贷款在贷款条件、利息、资金用途、期限、还款方式等方面都有很大不同。比如，经营贷的期限较短，还款要求也很不一样，且本金大多需一次性偿还，借款人若无稳定的资金来源，贷款到期后不能及时偿还本金，可能产生资金链断裂风险。

4）“转贷”操作有信息安全权被侵害风险

消费者选择“贷款中介”的“转贷”服务，需要将身份信息、账户信息、家庭成员信息、财产信息等相关重要信息提供给中介。部分中介获取消费者个人信息后，为牟取非法利益可能会泄露、出售相关信息，侵害消费者信息安全权。

（2）相关法律法规

国家金融监督管理总局2024年第3号文《个人贷款管理暂行办法》第七条规定：“个人贷款用途应符合法律法规规定和国家有关政策，贷款人不得发放无指定用途的个人贷款。”消费者新申请的贷款无论是经营贷还是消费贷，按照规定银行与消费者均应明确特定用途，而用于置换存量房屋按揭贷款显然不符合政策规定。

2023年3月，原银保监会下发《关于开展不法贷款中介专项治理行动的通知》，要求银行业金融机构主动向客户充分揭示经营用途贷款与住房按揭贷款利率、期限错配风险，就违规将经营用途信贷资金挪用于购房的法律后果和不利影响进行提示。

《中华人民共和国刑法》第一百七十五条规定“以欺骗手段取得银行

或者其他金融机构贷款、票据承兑、信用证、保函等，给银行或者其他金融机构造成重大损失或者有其他特别严重情节的，处三年以下有期徒刑或者拘役，并处或者单处罚金”。

（3）风险防范措施

银行机构要加大金融知识普及力度，向消费者充分提示风险，并进一步完善内部管理机制，加强中介机构管理和贷款审核，防止房贷违规置换经营贷风险。同时，金融监管总局、消保局也提醒广大消费者，认清转贷操作的不良后果和风险隐患，增强风险防范意识，维护自身合法权益。

一是防范不法中介虚假宣传，提高风险识别能力。要警惕不法中介隐瞒不利信息、只谈诱人条件的虚假宣传欺骗和误导消费者。所谓的“转贷降息”看似利息更优惠，实际却隐藏违法违约隐患、高额收费陷阱、个人征信受损、资金链断裂、信息泄露等风险。

二是选择正规金融机构咨询，警惕不法中介的套路陷阱。要合理评估个人或家庭实际情况，若有提前还贷或者其他金融业务需求，应向银行等正规金融机构进行咨询了解相关情况。要了解金融常识，保护自身合法权益。

三是认真审核合同内容，按约定使用贷款。金融机构和消费者都应本着公平自愿、诚实守信的原则，金融机构应合规放贷，消费者要理性借贷。申请贷款时，提供真实有效的贷款申请材料；在合同签署时，认真阅读条款，重点关注利率、费用、权利义务、风险提示等重要内容，谨慎对待签字、授权环节；借贷后，注意按照约定用途使用贷款，避免挪作他用，产生违约责任，影响个人征信。

四是注意个人信息保护，避免造成财产损失。在办理金融业务时，不随意透露身份信息、银行账号、财产情况等个人信息，防止信息泄露的风险；不轻易登录不明机构网站和转发链接；不轻信自称某金融机构的陌生来电，避免个人信息被不法分子利用，甚至造成财产损失。

（三）诱导、教唆、帮助消费者伪造和利用虚假资料骗取银行贷款，消费者伪造材料可能承担相关法律责任

在面对客户提供的材料不符合银行要求，或者缺乏关键性材料时，非法贷款中介会采取多种手段伪造材料，包括但不限于伪造银行流水证明、制作假合同和文件、伪造征信记录、仿造法律文书等。以达到通过银行低息信贷审核目的，帮助客户获取贷款。目前，房抵经营贷领域是伪造材料的重灾区。许多所谓的“借款人”实际上并没有真实的经营活动，而是通过非法贷款中介的帮助，将一家空壳公司过户到自己的名下。这些空壳公司并无实际的业务活动或资金流水，仅仅是用于名义上的挂靠。此外，非法贷款中介通过长期包装“白户”的方式来骗取银行贷款，即为“白户”安排每月发放工资、缴纳社保和公积金。经过一段时间的精心包装后，这些“白户”便会被用来申请贷款。

原银保监会于2023年3月发布的《关于开展不法贷款中介专项治理行动的通知》中向各银保监局，各政策性银行、大型银行、股份制银行、外资银行、直销银行通报了丁某某案例，并开展不法贷款中介专项治理行动。丁某某与其关联人（以下简称丁某某等人）存在通过注册空壳公司并转让等方式帮助他人套取经营贷、提供基于购置房屋和其他资金需求的多种中介服务等违法行为，涉及银行信贷业务超过20亿元。具体表现形式如下：

（1）提供经营贷资质包装。丁某某等人共注册87家公司，其中56家公司注册2~16个月后变更股东信息。变更后的股东利用其企业主身份向银行申请经营贷，2018年以来借款达2.2亿元。调阅其中部分贷款资料发现，贷款企业疑似均无实际经营，例如某企业经营地实为贷款中介的电销中心，贷款支付的贸易背景存疑；贷款资金归集到丁某某等人账户。

（2）提供受托支付通道。银保监局对信贷资金进行穿透追踪，发现多笔信贷资金在受托支付后流向丁某某个人账户，或直接利用丁某某等人关联账户进行回流。表明借款人为满足大额信贷资金必须受托支付这一要

求，由丁某某等人进行贸易背景包装、提供信贷资金通道及回流服务。

（3）提供短期垫资服务。借款人出于购房或者偿还高息借款目的，先向丁某某借款，后利用已购房产抵押、经丁某某等人包装申请经营贷，贷款资金受托支付全额流向丁某某个人账户。丁某某扣除前期借款和利息（年化利率一般超过36%）后，再将差额转回借款人。

（4）团伙成员申请贷款等形成资金池。对丁某某等人垫资资金来源进行分析，发现主要来自其他客户的还款资金、多个固定合作对象提供的资金，以及包括丁某某本人在内的团伙成员通过银行业金融机构、小额贷款公司等申请的借款等。

案例1：杨某与霍某伪造材料骗取贷款

案情简介：为获取银行贷款用于石家庄东阳光电科技有限公司经营，2013年4月10日，被告人杨某甲提供伪造的房产证，被告人霍某（个体贷款中介）与杨某甲共同向中国民生银行股份有限公司石家庄长江大道支行提供虚假的购销合同，从银行骗取贷款人民币100万元。后霍某从骗取的100万元贷款中留下15万元（5万元代办费、10万元保证金），将剩余85万元分次通过银行转账方式转给杨某甲，被告人杨某甲将上述款项用于石家庄东阳光电科技有限公司经营。

案例分析：

本案属于典型的贷款中介在业务过程中超业务范围开展违法犯罪活动，被告人霍某作为贷款中介，为借款人提供虚假的购销合同，属于伪造办贷材料的行为。《中华人民共和国刑法》第一百七十五条之一规定了骗取贷款、票据承兑、金融票证罪，该罪是指以欺骗手段取得银行或者其他金融机构贷款、票据承兑、信用证、保函等，给银行或者其他金融机构造成重大损失的。贷款、票据承兑、金融票证（信用证、保函等）实际上都属于银行授信。因此，本罪实际是指以欺骗手段取得银行或者其他金融机构授信，并最终无法偿还给银行或金融机构造成重大损失的行为。在利用经营贷置换房贷的过程中，也会涉嫌该罪名。经营贷原则上是支持鼓励企业的生产经营，但通过一系列的操作手段，获得了银行的贷款，最终又通过各种方式套现，从而实现了自己负债成本的降低。如果其中用于经营贷的资料涉嫌造假，则极易涉嫌骗取贷款罪，中介在其中起到积极的帮助作用，则会被认定为共同犯罪。

根据骗取贷款罪的犯罪构成，行为人的行为构成骗取贷款罪需要符合行为人必须采取了欺骗的手段，犯罪的对象是银行或者其他金融机构的贷款、票据承兑、信用证、保函等以及给银行或者其他金融机构造成重大损失或者有其他严重情节等条件。所谓欺骗手段，是指行为人在取得银行或者其他金融机构的贷款、票据承兑、信用证、保函等信贷资金、信用时，采用的是虚构事实、隐瞒真相等手段，掩盖了客观事实，骗取了银行或者其他金融机构的信任。只要申请人在申请贷款的过程中有虚构事实、掩盖真相的情节，或者在申请贷款过程中，只要提供假证明、假材料，或者贷款资金未按申请的用途使用，均符合该条件。而不法中介为帮助消费者获得贷款，往往会采取伪造材料的手段，在违规转贷的情形下，所获贷款的用途也并非用于经营，这都符合了骗取贷款罪的构成要件。

案例 2：田某与王某伪造材料骗取贷款

案情简介：2017 年 8 月，被告人田某伙同王某，明知王某某、牛某某、赵某没有还款能力，为其提供虚假的“河南煤田地质局”工作人员身份信息、公积金缴存信息、房产证明等证明文件，在郑州市金水区骗取中信银行东风路支行贷款 90 万元人民币。

案例分析：贷款诈骗罪（《中华人民共和国刑法》第一百九十三条）与骗取贷款、票据承兑、金融票证罪的核心区别为是否具有非法占有的目的。田某与王某为推进贷款办理，协助借款人伪造办贷材料，本案中田某明知借款人没有还款能力，亦即存在非法占有的目的，因此定为贷款诈骗罪。

案例 3：邓某波与张某伪造材料骗取贷款

案情简介：2019 年 7 月 12 日，“顺 XX 公司”的贷款业务员即被告人邓某波带张某到中信银行福田支行找客户经理许某莉（另案处理）查询征信，后许某莉的私人助理周某荣（另案处理）联系邓某波称李某的征信不符合条件，并建议邓某波让张某换一名配偶。随后，邓某波找来陈某亦，并于 7 月 16 日带张某和陈某亦到中信银行福田支行重新查询征信。在取得张某的同意后，由张某提供其与李某的结婚证原件，并由邓某波在淘宝网上找人 P 图，二人共同合意伪造出一份张某与陈某亦的假结婚证，并提交给中信银行福田支行。经查询银行贷款档案，在张某的贷款申请材料中，除了上述假结婚证，另有两份伪造的不动产权证书、两份伪造的电子缴费凭证及虚假的电子购销合同、公司租赁合同、收入证明。2019 年 9 月 18 日，中信银行福田支行将人民币 385 万元的经营贷款项发放至被告人张某指定的李某峰的招商银行账户，2020 年 6 月 22 日，张某提前归还上述所有借款。

案例分析：在伪造材料骗取贷款的过程中，伪造的材料可能涉及国家机关证件，如结婚证等，若中介机构明知借款人资质不合格，而建议和帮助贷款人通过 P 图等方式伪造相关证件，中介机构和提供原始材料的借款人都将涉及刑事犯罪，且即使贷款按期归还也无法免除刑事责任。

（四）伪造虚假材料、勾结银行内部人员等手段骗取银行贷款资金，给金融机构造成经济损失

不法贷款中介可能通过伪造虚假材料、勾结银行内部人员等手段骗取银行贷款资金，从而触犯法律。与此同时也会滋生利益输送、权力寻租等腐败行为，严重破坏了金融市场的公平和公正。

案例 1：李某、王某等贷款诈骗案例

案情简介：2020 年 7 月，被告人李某、王某获悉同案犯曾某可以为他人伪造资料骗取银行贷款后，为牟取高额贷款中介费，伙同柳某建将不符

合申请 30 万元贷款条件且无还款能力的朱某明、吴某华、刘某华、荀某冰等人介绍给曾某。曾某伪造上述人员系铁路职工的工作证明和公积金流水等资料后，带领朱某明等人到某银行申请最高额度为 30 万元的贷款。2020 年 7 月 24 日，朱某明、吴某华各自的 30 万元贷款到账后，为掩饰曾某所分得赃款的来源和去向，曾某分别操作两人账户，将两笔 90660 元转入李某控制的户名为林某迪的某银行账户内，然后由李某分两次操作该账户将分给曾某的 121320 元转账给曾某控制的户名为何某的某账户内。2020 年 7 月 29 日，刘某华、荀某冰各自的 30 万元贷款到账后，李某、王某跟随二人去银行，从二人账户中将分给李某、王某和曾某的赃款取现，然后将其中分给曾某的 121200 元再次存入由李某控制的户名为林某迪的某账户内，再由李某分三次（50000 元、50000 元、21200 元）操作转账到曾某控制的户名为何某的某账户内。即被告人李某通过其提供并控制的林某迪的银行账户为曾某转移贷款诈骗犯罪所得共计 242500 元。被告人李某、王某被抓获归案后，将二人各自分得的 39000 元违法所得退还给了相关银行。

案例分析：此案件乃一起典型的贷款诈骗及洗钱犯罪实例，被告人李某、王某等人采用伪造铁路职工工作证明和公积金流水等凭证，辅助不满足贷款条件的借款人骗取银行贷款共计 120 万元，并借助掌控的银行账户转移赃款 24.25 万元，构成贷款诈骗犯罪和洗钱罪。法院于认定环节区分了主从犯，并分析退赃情节予以从宽量刑，该事例暴露出银行在贷前核查和资金流向监管方面的漏洞，同时也警示了贷款中介行业存在的非法操作风险，本案对金融机构改进风控方案、中介机构规范业务操作程序具有重要警示意义。

案例 2：王某等购车贷套现案

案情简介：贷款中介王某招揽无贷款资质的陶某等 8 人，丁某某、张某某则寻找 4S 店、帮助贷款申请人虚构收入证明及银行流水等材料。他们通过垫付首付款，并与金融机构签订车辆抵押贷款协议，从而获取新车。在未办理抵押手续的情况下，由丁某某将车辆转卖后分赃。上述贷款申请人均无力偿还后续贷款，经金融机构多次催缴仍拒不归还，造成金融机构经济损失共计 104 万余元。

案例分析：犯罪分子利用汽车销售门店业务员为追求自身业绩而对购车人贷款资质、车辆抵押手续规范性存在把关不细、审核不严等漏洞，形成了贷款中介、贷款申请人、车款出资人互相勾结的犯罪模式，犯罪团伙分工明确，实施了一系列“假购车，真套现”的诈骗行为，不仅给提供购车贷款的金融机构造成巨大损失，也破坏了正常的金融管理秩序和经济秩序。

案例 3：李某协助张某违规放贷 1 个亿

案情简介：自大学毕业以来，张某一直在某银行工作，并于 2015 年转任对公客户经理一职，专注于处理各类贷款业务，涵盖房贷、抵押贷款以及中小微企业的担保贷款。2019 年 7 月，张某遇到了贷款中介李某及其带来的客户。在交谈中，李某提议为张某介绍有中小微企业担保贷款需求的客户，但条件是张某需放宽对申请材料的审核标准。李某承诺，一旦贷款成功发放，他将按每笔贷款的 1% 给予张某作为回报。张某接受了这一提议，并随后与李某展开了合作。

李某所推荐的客户多为规模较小、资质欠佳的中小微企业，这些企业在银行申请贷款时往往面临较大困难。为了帮助客户顺利获得贷款，李某采取了伪造资产负债表、编造购销合同等手段，对企业的财务报表和经营状况进行美化。在收到李某提交的客户材料后，张某按照常规流程需要实地核查客户情况并拍摄合影，但李某会同时提供客户与办公场所的合影照片。对此，张某心领神会，没有进行进一步的核实。此外，张某还协助李某的客户完善申报材料，确保它们符合审核要求。因此，在张某的帮助下，李某介绍的客户成功获得 23 笔中小微企业担保贷款，总金额高达 1 亿元，而张某则从中非法获利 30 余万元。

直到 2023 年 1 月，这批贷款中出现了高达 2100 万元的逾期坏账。面对这一局面，张某选择了主动离职。但银行很快发现了张某违规放贷并收受好处费的违法行为，随即向公安机关报案。

案例分析：

张某作为银行工作人员，违反国家规定发放贷款，数额特别巨大，又在金融业务活动中非法收受他人财物，为他人谋取利益，数额巨大；李某伙同他人以欺骗手段取得银行贷款，给银行造成重大损失，为牟取不正当利益，给予公司工作人员以财物，数额较大，犯罪事实清楚，证据确实、充分，于2023年9月4日以骗取贷款罪、对非国家工作人员行贿罪对李某提起公诉，于2023年12月27日以违法发放贷款罪、非国家工作人员受贿罪对张某提起公诉。

2023年10月19日，法院以骗取贷款罪、对非国家工作人员行贿罪判处李某有期徒刑四年，并处罚金人民币11万元。2024年9月18日，法院以违法发放贷款罪、非国家工作人员受贿罪判处张某有期徒刑五年六个月，并处罚金人民币15万元。此外，对于案件中伙同李某采取非法手段骗取银行贷款的公司负责人，法院也作出了相应判决。

案例启示：

为了有效防范违法放贷，尤其是在与贷款中介机构合作时，银行应实施严格的资质审核及尽职调查，确保中介机构具备合法经营资格和良好信用记录；签订明确合作协议，规定双方权利义务，并设定违约责任；建立持续监控机制，定期审查中介机构业务活动；建立健全员工异常行为排查制度，加强员工的廉洁从业教育；加强内部培训，提高员工识别风险能力和合规意识；设立举报机制，鼓励报告可疑行为；利用大数据分析和人工智能技术手段识别潜在风险；确保所有操作符合法律法规及金融监管部门的要求；并通过构建全面的风险管理体系来涵盖信贷、市场和操作等多个方面的风险管理。

（五）消费者在接受不法贷款中介服务时面临个人信息泄露、不法贷款中介过度使用个人信息的风险

通常情况下，贷款中介应该以正常渠道获取更多的客户信息进行展业、营销。为了赚取更多收益，不法贷款中介往往会选择铤而走险，通过非法的方式获取公民隐私信息，也不可避免地存在过度使用个人信息的情况。

案例：刘某林等非法收集、倒买倒卖公民个人隐私信息

案情简介：2021 年 4 月，被告人刘某林、刘某春、林某摇、余某、花某波谈妥一起做贷款中介业务。为拓展客户来源，刘某春联系第三方公司在网络平台投放网贷广告，通过投放广告的方式收集含有公民手机号、姓名、房产、车产、公民身份证号码等的公民个人信息。经统计，刘某春等 5 人共非法获取公民个人信息 60334 条。收集好个人信息后，刘某春等人共同组织人员，逐个拨打客户电话，核实客户身份信息，询问是否有贷款意图，并整理出需要贷款的公民信息转卖给对接的第三方贷款平台，第三方贷款平台按公民借款总额的 8% 至 12% 进行返点。被告人刘某春等 5 人共非法获利 215 万元。2021 年 8 月，被告人林某摇、花某波、刘某林发现非法放贷可谋取高额利润，便在未取得任何金融许可的情况下，共同出资 20 万元租用场所，开展放贷业务。后被告人余某入股，四人各占股 25%。截至案发，被告人林某摇、花某波、刘某林、余某共非法放贷 458.915 万元，非法获利 186.36 万元。

案例分析：首先，在未取得资质的情况下非法收集获取公民的个人隐私信息涉嫌违法；其次，通过倒买倒卖方式对公民个人隐私信息进行销售属违法经营；最后，该案例中违法者在未取得放贷资质的情况下，通过个人放贷给客户的方式获得违法经营所得，金额特别巨大。被告人刘某林、刘某春、林某摇、余某、花某波违反国家相关规定，非法获取公民个人信息，情节特别严重，其行为均已构成侵犯公民个人信息罪；被告人刘某

林、林某摇、花某波、余某非法放贷，情节严重，其行为均已构成非法经营罪。综上，法院以侵犯公民个人信息罪、非法经营罪分别判处五被告人有期徒刑三年三个月至五年不等，并处罚金人民币5万元至45万元不等。

（六）提供名不副实的中介服务，甚至直接诈骗消费者的财产

部分金融消费者在办理贷款、信用卡时，发现自己的信用报告上有多次逾期记录，影响到了业务审批通过。他们在新型社交平台看到所谓“征信修复”“征信洗白”的宣传广告时，就寄希望于这些非法贷款中介能够帮助自己修改逾期记录。这些非法中介通过批量制造投诉材料、流程化包装等手段开展所谓“征信修复”业务，试图通过监管部门向银行业金融机构施压，以达到费用减免、逃废债务、纠改征信等目的。事实上其中拿钱跑路、欺骗金融消费者的情况比比皆是，不仅损害了金融消费者的经济利益，也会导致个人敏感信息泄露，甚至可能引发法律风险。

案情简介：

案例1：张某因疏忽发生贷款逾期，找银行咨询、沟通，寻求删除不良记录未果后，在网上找到一家“征信修复”机构，并按要求将1万元定金、一张自己实名办理的手机电话卡和一张银行卡交给这家机构，约定事成之后再付2万元。一个月后，该机构告诉张某征信逾期已成功修复，要求张某付清全部余款。张某随即将事先承诺的余款转给该机构。当张某查询信用报告后，发现有关信息根本没有修复，于是找“征信修复”机构讨要说法，才发现对方已经把自己拉黑。

案例2：陈某某因被银行列为征信“花户”无法申请贷款。2023年12月，由于经营店铺急需资金周转，他在抖音平台刷到一个可以帮助办理贷款业务的广告时，抱着试一试的态度通过点击广告链接顺利联系到了平台推荐的可以办理贷款的工作人员。经初步沟通后，对方称可以帮助其办理贷款，“你只需要提供银行卡号，我们就可以帮你包装流水，只要流水过关，你的贷款就能下来”。一心贷款的陈某某对对方的说辞深信不

疑，后二人商定由陈某某提供自己名下的银行卡配合进行走账活动，以快速提升贷款额度。在明知对方可能从事诈骗犯罪活动、流转资金系违法犯罪所得的情况下，陈某某仍将自己的银行卡及电话卡以快递邮寄的方式提供给对方，并根据对方要求提供银行账户交易密码、手机银行App登录密码进行所谓的“流水包装”。实质上，中介所谓的“包装”就是犯罪分子将银行卡用于从事网络电信诈骗违法犯罪活动中的资金流转，当陈某某心存侥幸期待着贷款早日办成时，殊不知他的银行卡在对方收到后已非法走账不明资金达820000元。其中受害人报案，侦查机关已查证属实涉嫌诈骗资金的数额总计300000元。

案例3：温某某因征信问题成为征信“黑户”无法通过正当途径申请贷款。2023年10月，因父亲生病住院，为筹措医药费，温某某经人介绍添加微信名为“个企信贷－黑白可批”的人，在和对方简单说明情况后，对方表示只要把电话卡和银行卡寄给他们“包装一下”，大概5日至7日就可以办理下来贷款。由于急着用钱，温某某毫无疑虑地按照对方要求，把电话卡和银行卡邮寄给对方，并通过微信把自己手机银行登录密码告知对方。在接下来的几天里，温某某再三催问对方贷款办理情况，对方要么回复正在办理让耐心等待，要么以各种理由推诿，再后来就不回复了。其实，在收到温某某寄送的电话卡和银行卡当日，对方就用温某元的银行卡转账，流水金额达377500元。其中经侦查机关查证涉嫌诈骗资金的数额总计130000元。

案例分析：

“征信洗白”通常涉及以下三种套路：

（1）收取高额费用后跑路

这类骗局利用客户急于消除不良信用记录的迫切心理以及对“征信修复”概念的误解，以“征信修复、洗白、铲单”等名义发布广告、办理业务，教唆信息主体用“非恶意逾期”“不可抗力”等理由伪造证据材料进行投诉，借机收取高额代理费用，通常不良信息修改失败后不予退款或直接跑路失联。

（2）征信培训、加盟诈骗

这类骗局以征信市场需求量大、有前景为由，谎称教授“征信修复”技巧开办培训班，通过招收学员、加盟代理等形式，广泛发展下线，实则为骗取加盟代理费。所谓培训的核心内容就是教人通过伪造证据欺骗金融机构，试图达到删除逾期记录的目的。

（3）骗取个人敏感信息

这类骗局在办理“征信修复”过程中，要求信息主体提供身份证件、银行卡号、联系方式等重要敏感信息，不法分子通过泄露、买卖个人信息从中渔利，甚至利用这些信息冒名网贷，骗取高额贷款利息，危害信息主体人身及财产安全。

案例启示：

（1）时下主流的个人信贷产品种类繁多，个人可根据需求选择合适的银行或贷款公司，以线上或者线下方式，通过正规金融机构、正规渠道进行咨询或办理。切勿轻信简洁快捷的“花样”贷款服务要约以及网络、电话和短信中的“黑户贷款”广告，更不要轻易点击不明链接。如确需中介服务，要注意核实中介机构资质，详细了解中介服务与合同内容，确认贷款机构的正规性与合法性。

（2）保持良好的征信记录，在法律允许的范围内进行金融活动，根据个人能力合理贷款。特别是网上贷款要警惕以“刷流水”“走账”为形式的“黑户”洗白贷款要求，警惕向无关账户的转账要求，谨防合法外衣下的非法资金走账行为，避免沦为电信网络诈骗犯罪的“工具人”。

（3）提高风险防范能力，注意保护好个人银行卡、密码及验证码等重要个人信息，切勿因一时贪念而将自己的身份证、手机卡、银行卡及手机银行 App 登录账号密码等重要个人信息出租、出借或出售他人使用，切勿心存侥幸而落入网贷陷阱，陷入“走账”圈套。

（4）任何提供有偿“征信修复”“征信洗白”服务的都是诈骗行为，任何机构或个人均无权修改真实无误的信用记录。广大人民群众如发现自己陷入不法中介陷阱，应保存好相关证据，及时通过报警、诉讼等法律途径维护自身合法权益。

（七）其他违规行为

案例：初某被贷款中介误导贷款案例

案情简介：2020年4月29日，初某被贷款中介介绍到大地保险威海分公司（以下简称大地保险）办理贷款业务，被大地保险误导填写空白投保表格及借款信息等，后又在大地保险误导下在光大银行威海分行（以下简称光大银行）办理储蓄卡。后初某与光大银行发生诉讼，威海市环翠区人民法院以原银保监会批复了保监许可〔2015〕739号《关于中国大地财产保险股份有限公司（以下简称大地财险公司）个人贷款保证保险（2015版A款）条款和费率》(以下简称被诉批复)，认定该借款模式合法有效，且光大银行向法庭出示了大地保险与光大银行合作的合同。

案例分析：本案反映出我国在贷款中介和保证保险监管事宜中的不足，就国际经验方面看，欧美国家一般利用强制信息披露（如美国TILA法案）和禁止捆绑促销（如欧盟冷静期制度）保障消费者权益，贷款中介与大地保险的误导销售做法（像诱导签署空白合同、未充分公开保险条款）暴露了国内监管方面的漏洞，建议仿照国际做法，夯实中介行为规范、引入消费者影响评估举措，进而创建高效的纠纷解决路径，以实现金融创新与消费者保护的平衡。

二、不法贷款中介的治理

（一）我国的金融监管体系

我国金融监管体系呈现“中央统筹、地方协同、部门联动”的特点，形成以国家金融监督管理总局为核心，地方金融管理局协同以及市场监管部门、公安部门联动的监管网络。

1. 国家金融监督管理总局的统筹职能

国家金融监督管理总局整合原银保监会职能（2023 年机构改革），对商业银行、消费金融公司等金融机构实施监管，其职责包含市场准入核准、行为管控及风险预警，并牵头拟订《商业银行互联网贷款管理暂行办法》等关键政策。

2. 地方金融管理局的属地化执行

地方金融管理局承担执行中央既定政策工作，主要监管辖区内小额贷款公司、融资担保公司等机构，并和公安部门协作打击非法集资与“地下钱庄”，2022 年上海市地方金融管理部门联合警方破获多起以“贷款手续服务费”为名的诈骗案件，涉案金额超过五亿元。

3. 国家市场监督管理总局与公安部的协同执法

国家市场监督管理总局依照《中华人民共和国广告法》查处贷款中介的虚假宣传行为；公安部则紧盯刑事犯罪打击，2021 年依托“净网行动”取缔非法网贷平台 2300 余个，展现跨部门配合成效。

（二）我国的贷款中介监管政策

2016 年以来，监管部门持续加强线上贷款中介（互联网贷款）的监管，消费者权益保护、金融营销、贷款利率等相关监管规则已经历多次修订与完善，大幅优化改善互联网贷款领域监管，如表 3-1 所示。与此同时，国家及地方监管机构积极严打不法贷款中介，规范金融行业健康发展。

表 3–1　贷款中介主要监管政策

内容	时间	发布机构	政策名称
完善整体性监管	2016年8月	原银保监会等四部门	《网络借贷信息中介机构业务活动管理暂行办法》
	2017年12月	人民银行、原银保监会	《关于规范整顿"现金贷"业务的通知》
	2019年10月	原银保监会等九部委	《关于印发融资担保公司监督管理补充规定的通知》
	2020年7月	原银保监会	《商业银行互联网贷款管理暂行办法》
	2020年9月	原银保监会	《关于加强小额贷款公司监督管理的通知》
	2021年2月	原银保监会	《关于进一步规范商业银行互联网贷款业务的通知》
	2021年4月	人民银行、原银保监会、证监会、国家外汇局等	约谈13家从事金融业务的网络平台企业，对网络平台企业从事金融业务中普遍存在的无牌或超许可范围从事金融业务、公司治理机制不健全、监管套利、不公平竞争、损害消费者合法权益等突出问题提出了整改要求
	2022年7月	原银保监会	《关于加强商业银行互联网贷款业务管理 提升金融服务质效的通知》
	2024年1月	国家金融监督管理总局	《个人贷款管理办法》
	2024年1月	国家金融监督管理总局	《流动资金贷款管理办法》
	2025年4月	国家金融监督管理总局	《关于加强商业银行互联网助贷业务管理　提升金融服务质效的通知》
规范贷款利率范围	2020年8月	最高人民法院	新修订的《最高人民法院关于审理民间借贷案件适用法律若干问题的规定》

续表

内容	时间	发布机构	政策名称
加强消费者权益保护	2020年9月	人民银行	《中国人民银行金融消费者权益保护实施办法》
	2022年12月	原银保监会	《银行保险机构消费者权益保护管理办法》
合规金融营销	2019年12月	人民银行、原银保监会、证监会、国家外汇局	《关于进一步规范金融营销宣传行为的通知》
	2021年12月	人民银行等七部委	《金融产品网络营销管理办法(征求意见稿)》
	2022年3月	原银保监会	《关于警惕过度借贷营销诱导的风险提示》
强化业务支持	2021年9月	人民银行	《征信业务管理办法》
	2022年1月	原银保监会	《银行保险机构信息科技外包风险监管办法》

1. 完善整体性监管

2016年8月，原银保监会等四部门发布《网络借贷信息中介机构业务活动管理暂行办法》，明确了网贷监管体制、网贷业务规则，对网贷业务管理和风险控制提出具体要求，促进网络借贷行业健康发展，保护消费者权益，同时提升互联网金融的服务效率。

2017年12月，人民银行、原银保监会联合发布《关于规范整顿“现金贷”业务的通知》，规定助贷业务中的授信审查、风险控制等核心环节须由金融机构负责，并且不允许助贷机构有兜底承诺等变相增信行为，或者由无担保资质的第三方机构提供担保服务。随后监管部门和行业协会陆续发布了一系列的相关政策与规定，除了联合贷款模式之外，金融机构与无放贷资质助贷机构的合作逐渐回归“助贷”本质，即金融机构是信贷资金的提供方，而助贷机构在客户引流、风控辅助、贷款催收等方面提供数据和技术支持，并依据商业合同从金融机构处获取相应助贷服务报酬。

2019年10月，原银保监会等九部委发布《关于印发融资担保公司监督管理补充规定的通知》，要求“为各类放贷机构提供客户推介、信用评估等服务的机构，未经批准不得提供或变相提供融资担保服务”。

2020年7月，原银保监会发布《商业银行互联网贷款管理暂行办法》，要求商业银行将互联网贷款业务纳入全面风险管理体系，并对贷款合作业务提出了明确要求。

2020年9月，原银保监会发布《关于加强小额贷款公司监督管理的通知》，规范小额贷款公司经营行为，防范化解相关风险，逐步建立健全小额贷款公司行业监管制度体系，促进行业健康发展。

2021年2月，原银保监会发布《关于进一步规范商业银行互联网贷款业务的通知》，要求商业银行强化风险控制主体责任，独立开展互联网贷款风险管理，并自主完成对贷款风险评估和风险控制具有重要影响的风控环节，严禁将贷前、贷中、贷后管理的关键环节外包。

2021年4月，人民银行、原银保监会、证监会、国家外汇局等金融管理部门联合对部分从事金融业务的网络平台企业进行监管约谈，腾讯、度小满金融、京东金融、字节跳动、美团金融、滴滴金融、陆金所、天星数科、360数科、新浪金融、苏宁金融、国美金融、携程金融共13家网络平台企业实际控制人或代表参加了约谈。金融管理部门对网络平台企业从事金融业务中普遍存在的无牌或超许可范围从事金融业务、公司治理机制不健全、监管套利、不公平竞争、损害消费者合法权益等突出问题提出了整改要求。

2022年7月，原银保监会发布《关于加强商业银行互联网贷款业务管理 提升金融服务质效的通知》，进一步明确对商业银行贷款管理和自主风控的要求，要求“规范合作行为，促进平台经济规范健康发展”，并综合考虑商业银行整改进度、业务连续性以及与征信规定衔接等因素，延长互联网贷款存量业务整改过渡期至2023年6月30日。

2024年1月，国家金融监督管理总局发布《个人贷款管理办法》，规定贷款人不得将贷款调查中涉及借款人真实意思表示、收入水平、债务情况、自有资金来源及外部评估机构准入等风险控制的核心事项委托第三方完成。贷款人将贷款调查中的部分特定事项委托第三方代为办理的，不得损害借款人合法权益，并确保相关风险可控。贷款人应明确第三方的资质条件，建立名单制管理制度，并定期对名单进行审查更新。

2024 年 1 月，国家金融监督管理总局发布《流动资金贷款管理办法》，贷款人应采取现场与非现场相结合的形式履行尽职调查，形成书面报告，并对其内容的真实性、完整性和有效性负责。对于为小微企业办理的流动资金贷款，贷款人通过非现场调查手段可有效核实相关信息真实性，并可据此对借款人作出风险评价的，可简化或不再进行现场调查。贷款人应根据自身风险管理能力，按照小微企业流动资金贷款的区域、行业、品种等，审慎确定借款人可简化或不再进行现场调查的贷款金额上限。

2025 年 4 月，国家金融监督管理总局发布《关于加强商业银行互联网助贷业务管理　提升金融服务质效的通知》，规定商业银行应加强平台运营机构和增信服务机构的准入管理，审慎制定准入标准，实施尽职调查，签订明确合作协议，实行名单制管理，并通过官方渠道披露名单。合作协议应明确费用标准或区间，将增信服务费计入借款人综合融资成本，并确保借款人支付的综合融资成本符合相关规定，维护借款人合法权益。商业银行需自主开展风险评价与审批，充分获取借款人必要信息，与合法征信机构合作获取征信服务。合作协议应明确平台运营机构不得干预商业银行自主评审贷款。商业银行应将增信服务机构增信余额纳入统一授信管理，定期评估其代偿赔付能力，防范过度增信风险。此外，商业银行及合作机构应加强金融消费者权益保护，规范营销宣传行为，向借款人充分披露关键信息，加强贷后催收管理，发现违规催收行为应及时纠正。

2. 规范贷款利率范围

2020 年 8 月，最高人民法院正式发布新修订的《最高人民法院关于审理民间借贷案件适用法律若干问题的规定》，调整了民间借贷利率的司法保护上限。以中国人民银行授权全国银行间同业拆借中心每月 20 日发布的一年期贷款市场报价利率（LPR）的 4 倍为标准，取代“以 24% 和 36% 为基准的两线三区”的规定，相较于过去的 24% 和 36% 有较大幅度的下降。

2021 年 3 月，人民银行发布《中国人民银行公告〔2021〕第 3 号》，明确要求所有贷款产品均应明示贷款年化利率。

3. 加强消费者权益保护

2020 年 9 月，人民银行发布了《中国人民银行金融消费者权益保护实施办法》，加强保护消费者金融信息，要求金融机构妥善保管和存储所收集的消费者金融信息，防止信息遗失、毁损、泄露或者被篡改。一旦发生信息泄露、毁损、丢失，应当及时采取补救措施，告知金融消费者并报告人民银行。

2022 年 12 月，原银保监会发布《银行保险机构消费者权益保护管理办法》，精准树立监管"高压线"，规定不得未经消费者同意单方开通收费服务，不得在协议约定外变相额外收费；对银行保险机构建立健全个人信息保护机制，实施全流程分级分类管控提出了要求。

4. 合规金融营销

2019 年 12 月，人民银行、原银保监会、证监会、国家外汇局联合发布《关于进一步规范金融营销宣传行为的通知》，要求不得利用互联网进行不当金融营销宣传。

2021 年 12 月，人民银行等七部委就《金融产品网络营销管理办法（征求意见稿）》向社会公开征求意见，该文件在金融产品网络营销宣传内容、宣传行为和合作行为等方面提出了总体规范要求。

2022 年 3 月，原银保监会发布《关于警惕过度借贷营销诱导的风险提示》，提示消费者远离过度借贷营销陷阱，防范过度信贷风险。

5. 强化业务支持

2021 年 9 月，人民银行发布《征信业务管理办法》，明确了信用信息的定义及征信管理的边界，强调从事征信业务需取得合法资质，对征信业务全流程提出了更为具体的规范，将征信替代数据应用纳入监管，明确了互联网平台开展助贷等相关业务符合征信业务定义的适用该办法。

2022 年 1 月，原银保监会印发《银行保险机构信息科技外包风险监管办法》，将涉及集中存储或处理银行保险机构重要数据和客户个人敏感信息的外包列入重点外包，要求机构对客户信息、源代码和文档等敏感信息采取严格管控措施，对敏感信息泄露风险进行持续监测。

6. 开展专项治理

2023 年 3 月，原银保监会发布《关于开展不法贷款中介专项治理行动的通知》，要求各银行业金融机构应增强自主获客意识，强化风险防控措施，提升自主经营能力，严禁主动向贷款中介机构让渡“金融服务”，避免出现贷款中介机构掌控市场主动权、合作业务推高融资成本、风险跨行业传导加剧等问题；鼓励各银行业金融机构建立贷款中介黑名单制度，对诱导、帮助借款人违规申请贷款的中介，纳入合作黑名单；要主动向客户充分揭示经营用途贷款与住房按揭贷款利率、期限错配风险，就违规将经营用途信贷资金挪用于购房的法律后果和不利影响进行提示。

随后，如表 3–2 所示，地方监管机构包括广西、海南、上海、安徽、湖北、陕西、宁夏、吉林监管局、北京地方金融监督管理局等也相继发布了警惕不法贷款中介的风险提示，提醒消费者不法贷款中介存在“假冒银行名义，诱导消费者申请贷款”“违规包装贷款资质，骗取高额费用”“服务名不副实，加重消费者息费负担”的陷阱，可能带来贷款违约风险、高额收费陷阱、违规骗贷风险、财务风险、个人信息安全风险等。

表 3–2　贷款中介专项治理汇总

时间	监管机构	政策名称
2023年3月	原银保监会	《关于开展不法贷款中介专项治理行动的通知》
2023年2月	广西监督管理局	“擦亮眼睛”系列消费风险提示（十三）办理个人住房提前还贷勿入转贷“陷阱”
2023年3月		“擦亮眼睛”系列消费风险提示（十四）警惕贷款中介不法侵害金融消费者合法权益
2023年5月		多措并举打击不法贷款中介 着力构建治理长效机制
2023年3月	海南监督管理局	《关于公布不法贷款中介举报渠道的公告》

续表

时间	监管机构	政策名称
2023年3月	上海监督管理局	"3·15"之"以案说险"系列：关于警惕不法贷款中介陷阱的消费提示
2023年4月	北京地方金融监督管理局	非法中介套路深，谨防诈骗新"陷阱"
2023年9月	安徽监管局巢湖监督管理分局	召开不法贷款中介专项治理工作推进会
2023年9月	湖北监督管理局	《关于防范非法贷款中介侵害金融消费者合法权益的风险提示》
2023年9月	陕西监督管理局	《关于警惕不法贷款中介陷阱的风险提示》
2023年9月	宁夏监督管理局	《关于防范不法贷款中介侵害金融消费者合法权益的风险提示》
2023年10月	吉林监督管理局	《关于警惕非法贷款中介侵害的风险提示》
2023年12月	上海监督管理局联合七部门	《关于防范不法贷款中介风险 规范金融营销行为的公告》

7. 倡导行业自律

对于不法贷款中介，除了监管机构开展专项治理行动（2023年3月15日~9月15日）以外，多地银行业协会还发布自律公约，如表3-3所示，明确了银行机构在防范不法贷款中介中需履行的主体责任。

表3-3 贷款中介行业自律汇总

时间	发起机构	政策名称
2023年4月	上海市银行同业公会	《上海银行业与中介机构合作自律规范》
2023年7月	苏州银行业协会	《苏州银行业协会防范不法贷款中介自律公约》
2023年7月	重庆市小微企业协会金融服务专委会	《重庆市金融中介自律规范座谈会助贷服务行业自律公约》
2023年7月	深圳市银行业协会	《深圳银行业与贷款中介合作自律公约》

为配合清理规范辖内金融中介活动和不法贷款中介专项治理行动，进一步规范上海银行业金融机构与各类中介之间的合作，维护金融秩序稳

定，压实银行业金融机构主体责任，防范外部风险向银行体系传导，在上海银保监局指导下，上海市银行同业公会于 2023 年 4 月 12 日发布《上海银行业与中介机构合作自律规范》，切实发挥行业自律管理职责：主要内容涉及自律宗旨、管理机制、风险评估、合作协议、创新金融服务与产品、规范从业人员行为、加强行业协作、金融知识宣传教育等方面。

为深入整治不法贷款中介乱象，严厉打击金融违法犯罪行为，形成风险防范的长效机制，苏州银行业协会制定并发布了《苏州银行业协会防范不法贷款中介自律公约》，自 2023 年 7 月 7 日起施行，主要内容包括排查不法中介线索、规范信贷营销行为、提升信贷管理质效、加大宣教教育力度等。

2023 年 7 月 6 日，重庆市小微企业协会金融服务专委会组织的金融中介自律规范座谈会上，百余家金融中介机构签署《重庆市金融中介自律规范座谈会助贷服务行业自律公约》，主要内容包括严禁助贷行业在未获得银行等金融机构书面授权的情况下，利用其标识进行市场活动；不得以“转贷降息”为由诱骗借款人以经营贷置换存量房贷；不得以“零首付”“负首付”为噱头诱导借款人办理超额购房贷款等。

2023 年 7 月 25 日，深圳市银行业协会在国家金融监督管理总局深圳监管局的指导下，制定并发布《深圳银行业与贷款中介合作自律公约》，主要内容包括：银行应建立与贷款中介合作的相关管理制度，将银行与贷款中介机构合作“阳光化”；规范银行与贷款中介机构的合作协议；在银行之间建立贷款中介正面和负面清单公示机制；加强从业人员管理及消费者权益保护等。

8. 平台采取措施

2024 年 5 月，抖音旗下的一站式营销服务平台——巨量引擎广告投放平台发布公告称，平台在治理中发现：贷款中介行业存在倒卖客户资质、门店经营不规范、提供不实服务等多种违法违规风险。公告还称，为维护平台生态健康、保障用户权益，从 2024 年 5 月 15 日起，平台将暂时限制贷款中介行业投放相关广告，禁止客户推广涉及贷款咨询、代办等为线下门店导流的中介类服务内容，执行范围为“AD 全行业 + 本地生活 + 非电商直播”。其他平台暂时没有禁止贷款中介投放广告。

9. 我国贷款中介监管政策的特点

通过对我国贷款中介监管政策的梳理可以看出，我国对贷款中介的监管存在以下特点：

（1）允许银行业金融机构就互联网贷款业务与贷款中介合作

在金融科技创新深化的政策框架下，银行业监管当局对商业银行互联网信贷业务中的第三方科技服务平台协作机制予以合规性确认，明确持牌机构可通过战略合作方式整合专业机构的精准获客导流与场景化流量对接能力，同时构建风险隔离机制确保业务合规，边界清晰。如重庆农村商业银行在总行层面与第三方合作机构签订了总对总的合作协议，专门设立了“三方合作机构管理室”，对互联网贷款业务的第三方合作机构进行管理：如规定第三方资质、制定准入和退出流程、规范等。四川新网银行作为一家互联网银行，其业务 90% 以上来源于第三方合作机构，包括百望云、豫民发、优钱科技等。

（2）不允许银行业金融机构就线下贷款业务与贷款中介合作

在金融监管政策持续优化升级的背景下，银行业监管当局明确要求商业银行体系必须强化客户资源内部培育机制，完备自主风控体系打造，并通过树立业务隔离标志严禁核心金融服务职能外包流程，在传统信贷业务场景范畴，监管规章严格禁止与第三方中介机构确立业务关联，旨在杜绝渠道垄断引起的市场议价权失衡、融资成本不恰当抬升及跨市场风险传导等系统性隐患。2023 年第二至第三季度阶段，金融监管部门实施贷款中介服务市场穿透式监管专项活动，切实净化市场秩序。

第四部分　我国贷款中介行业发展现状

贷款中介行业作为连接金融机构与借贷需求方的重要桥梁，近年来在快速发展的经济环境中展现出蓬勃生机。随着消费升级和企业融资需求的多元化，贷款中介行业凭借其专业的服务能力和灵活的业务模式，有效缓解了市场资金供需矛盾，促进了金融资源的优化配置。本部分将从市场需求分析入手，探究借贷需求的增长趋势与多样化特征；随后，转向市场供给分析，揭示中介机构数量、服务质量及创新能力的现状；紧接着，聚焦于主要竞争者分析与市场份额，剖析行业格局及竞争格局的动态变化；进而，通过业务模式分析，探讨中介机构如何通过差异化策略满足不同客户群体的需求；最后，以盈利模式分析收尾，解析行业盈利机制与未来增长点。

一、市场需求分析

（一）贷款需求分析

1. 个人贷款需求

近年来，个人贷款需求持续增长，这与社会经济的发展、消费观念的转变以及金融科技的创新密不可分。随着人们收入水平的提高和消费观念的升级，越来越多的人开始接受并习惯通过贷款来满足购房、购车、教育、医疗等大额消费需求。特别是在一线城市和经济发达地区，个人贷款已成为一种常见的消费方式。

近年 A 股上市银行个人贷款总额呈持续上升趋势。截至 2024 年 4 月

12 日，已有 23 家 A 股上市银行披露 2023 年业绩。通过梳理各家年报中披露的个人贷款数据，2023 年，23 家银行共向个人发放贷款 54.35 万亿元，同比增长 5.4%[①]。细看个人贷款结构，2023 年，上市银行的个人消费性贷款和经营性贷款整体出现明显增长。根据已披露数据，21 家银行个人消费贷总规模已超过 4 万亿元，同比增长 24.3%；18 家上市银行个人经营贷总规模同比增长近 30%。根据中国人民银行发布的 2025 年第一季度中国货币政策执行报告，2025 年 3 月末，个人贷款余额 838733 亿元，同比增速 3.0%。

2. 企业贷款需求

企业贷款需求也呈现出稳健增长的趋势，小微企业作为国民经济的重要组成部分，其贷款需求尤为强烈。这些企业通常规模较小、资金实力有限，因此需要通过贷款来扩大生产规模、提升市场竞争力。

政府对于小微企业的扶持政策也进一步刺激了企业贷款需求的增长。例如，政府设立了专门的担保机构为小微企业提供担保服务，降低了银行贷款的风险；同时，政府还通过降低贷款利率、延长贷款期限等方式来减轻企业的还款压力。这些政策措施为小微企业提供了更好的融资环境，促进了企业贷款需求的增长。

根据国家金融监督管理总局的统计数据显示，截至 2023 年底，我国金融机构数量达到 4000 多家，各类信贷产品达到 8000 多种，普惠型小微企业贷款达到 1107309 亿元，比 2022 年增长 24.6%。与此同时，企业和金融机构对贷款中介的依赖度也在不断增长。以企业税票贷为例，根据调研统计，全国每年有 4000 亿 ~5000 亿元的企业税票贷规模，80% 通过贷款中介完成，并且未来几年将保持高速增长的态势。根据中国人民银行发布的 2025 年第一季度中国货币政策执行报告，截至 2025 年 3 月末，企（事）业单位贷款余额 1783491 亿元，同比增速 9.3%；企（事）业单位中长期贷款比年初增加 5.6 万亿元，在全部企业贷款中占比为 64.4%。制造

① 资料来源：新京报贝壳财经。

业中长期贷款余额同比增长 9.3%，比全部贷款增速高 1.9 个百分点。普惠小微贷款余额同比增长 12.2%，比全部贷款增速高 4.8 个百分点；普惠小微授信户数 6190 万户，同比基本持平。

（二）贷款中介需求分析

2023 年 12 月至 2024 年 4 月，我们在北京、成都和重庆等地对部分金融机构和贷款中介的 16 家相关单位开展了访谈调研，并进行了问卷调查，分别发放问卷 300 份，金融机构回收有效问卷 222 份，有效率为 74%；客户回收有效问卷 210 份，有效率为 70%。

1. 客户对贷款中介的需求分析

（1）接触贷款中介的方式

在被调查对象中，客户通过电销方式接触贷款中介的占比为 75%，通过互联网平台接触贷款中介的占比为 50%，通过网销方式接触贷款中介的占比 37.5%，通过陌拜、线下广告投放、线上广告投放接触贷款中介的均占比为 25%，如图 4–1 所示。

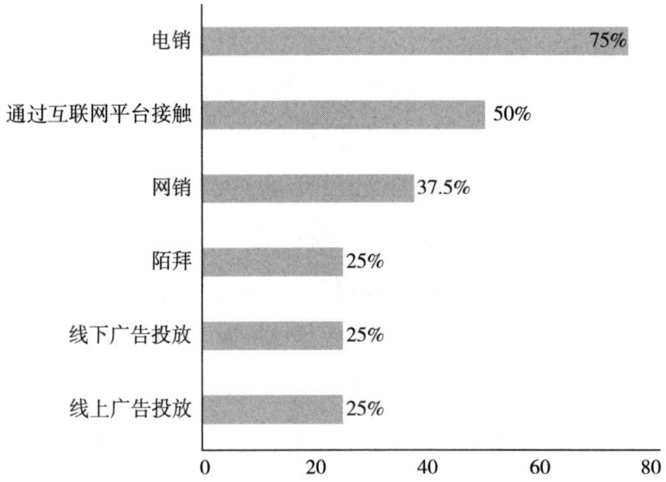

图 4–1　客户接触贷款中介的方式

（2）期望从贷款中介处获得的服务

在被调查对象中，客户期望从贷款中介处获得贷款申请代办服务的占比75%，期望获得贷款经纪服务、获得贷款顾问服务的分别占比为50%，如图4–2所示。

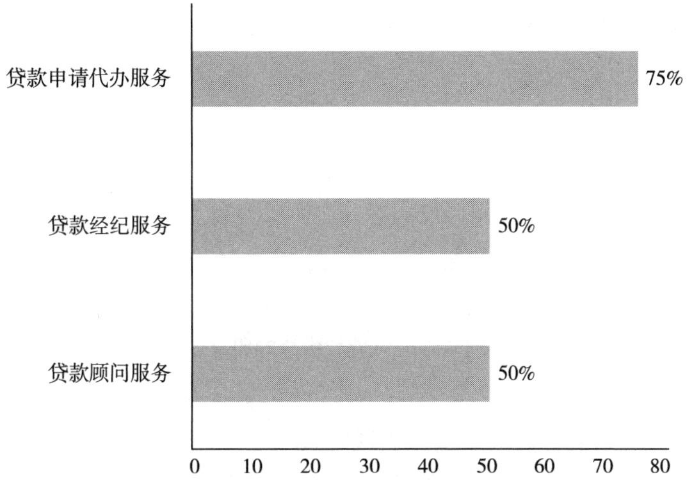

图4–2　客户期望从贷款中介所获得的服务

（3）对贷款中介的印象

在被调查对象中，客户认为贷款中介服务周到的占比为50%，认为贷款中介专业可靠、费用透明的分别占比为37.5%；认为贷款中介存在虚假宣传的占比为37.5%，认为贷款中介诱导贷款的占比为25%；认为贷款中介响应迅速、收费昂贵、专业度低的也分别占比为12.5%，客户有其他印象的也占比为12.5%，如图4–3所示。

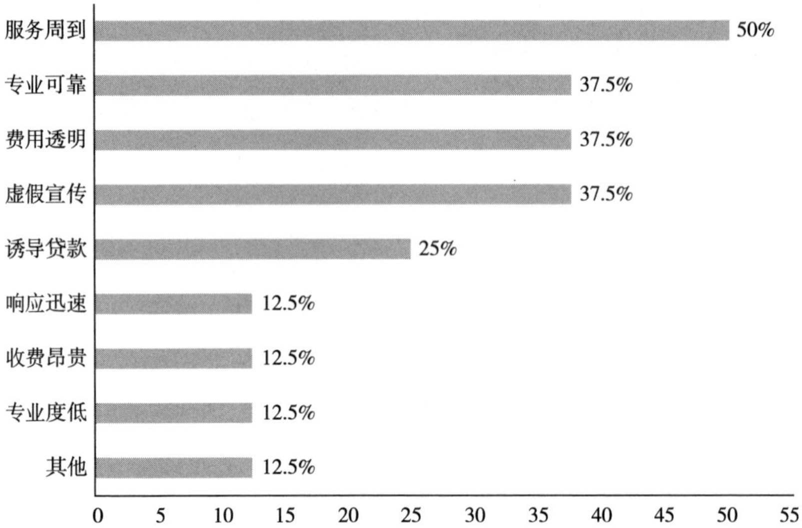

图 4-3　对贷款中介的印象

（4）贷款中介从业人员的专业程度

在被调查对象中，认为贷款中介非常专业、专业的客户分别占比为25%，认为贷款中介专业程度一般的客户占比为25%，认为贷款中介不太专业、非常不专业的客户分别占比为12.5%，如图 4-4 所示。

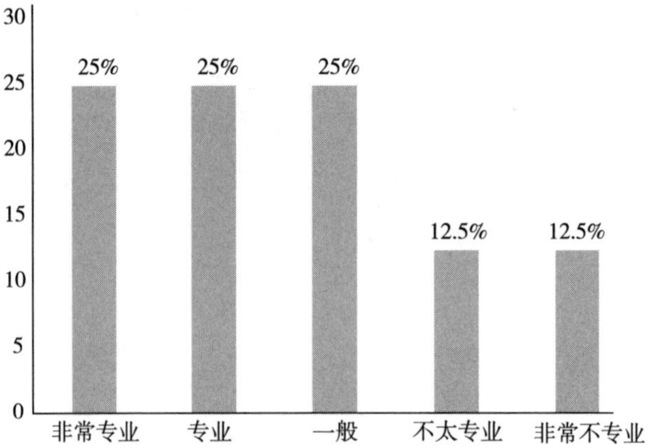

图 4-4　贷款中介从业人员的专业程度

（5）贷款中介的服务效率

在被调查对象中，认为贷款中介的服务效率一般的客户占比为 62.5%，认为贷款中介的服务效率非常高效的客户占比为 25%，认为贷款中介的服务效率高效的客户占比为 12.5%，如图 4–5 所示。

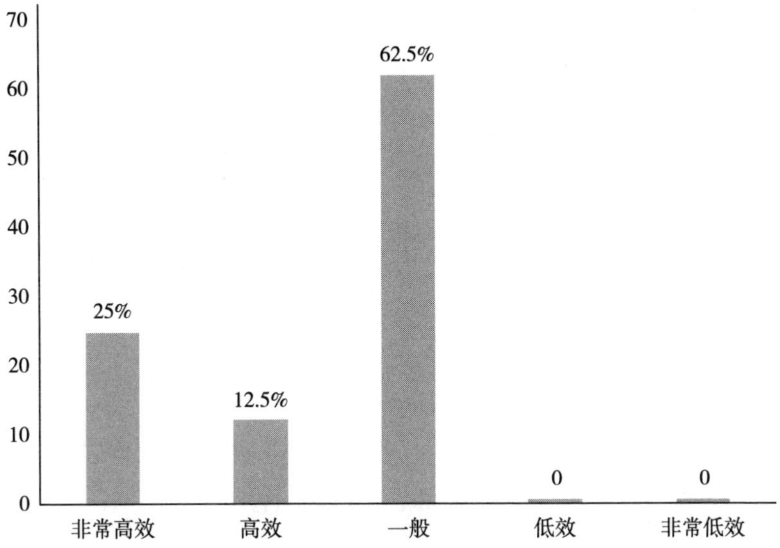

图 4–5　贷款中介的服务效率

（6）贷款中介的服务费用

在被调查对象中，贷款中介的服务费用收取 1%~2%、3%~4% 的分别占比 37.5%，收取 1% 以下的占比为 25%，说明大部分贷款中介的服务费用收取在 1%~4%，如图 4–6 所示。

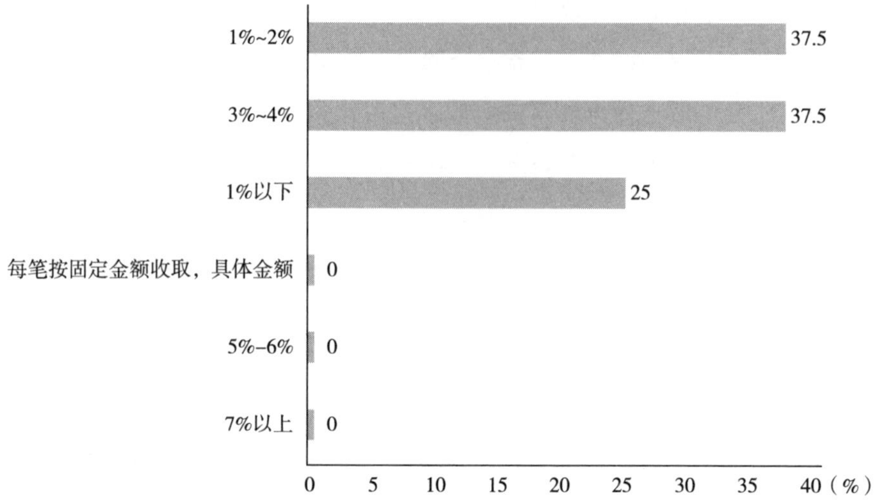

图 4–6　贷款中介的服务费用

（7）贷款中介收取服务费用的合理性

在被调查对象中，认为贷款中介收取的服务费用非常合理的客户占比为 25%，认为一般的客户占比为 50%，认为不合理的客户占比为 25%，如图 4–7 所示。

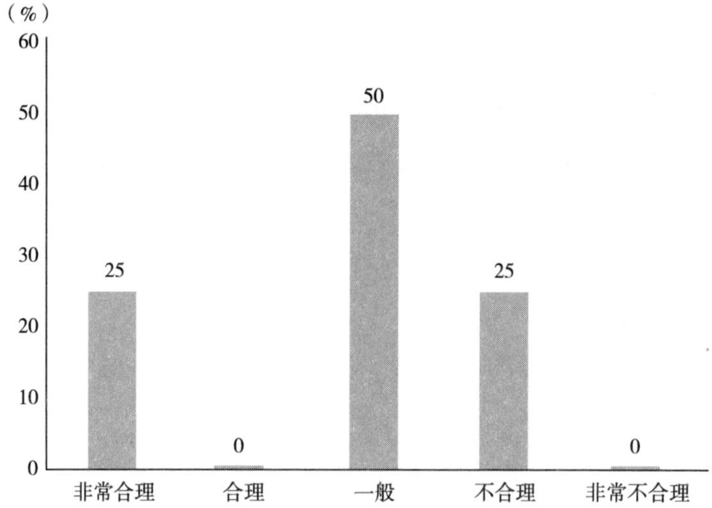

图 4–7　贷款中介收取服务费用的合理性

（8）与贷款中介合作时应关注的问题

在被调查对象中，100% 的客户关注与贷款中介合作过程中的个人信息安全，87.5% 的客户关注合理收费以及贷款办理过程中的透明度，75% 的客户关注贷款手续是否合规合法，如图 4-8 所示。

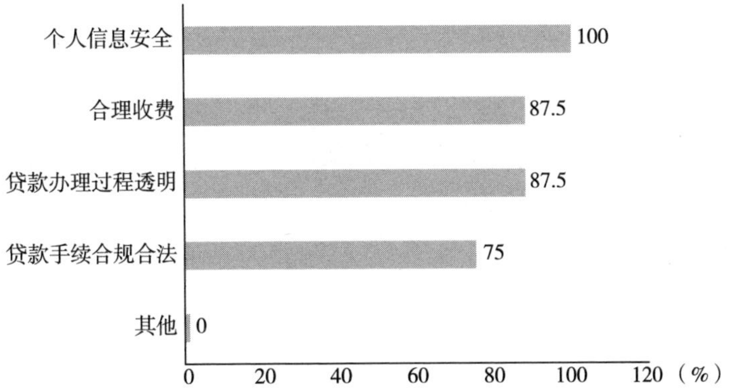

图 4-8　与贷款中介合作时应关注的问题

（9）资金需求的解决程度

在被调查对象中，认为通过贷款中介所提供的服务解决了资金需求的客户占比为 25%，认为部分解决的客户占比为 62.5%，认为没有解决的客户占比为 12.5%，如图 4-9 所示。

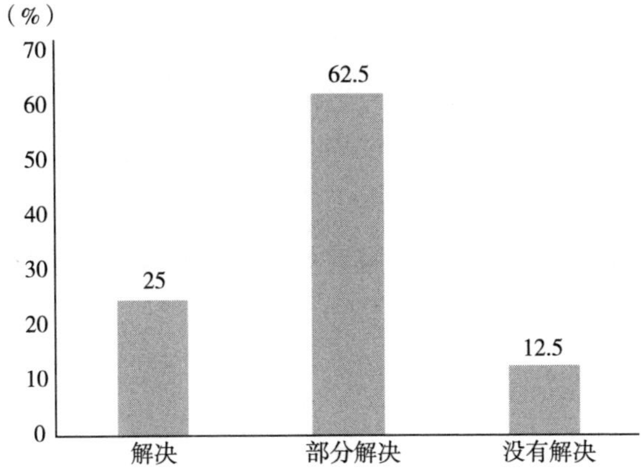

图 4-9　资金需求的解决程度

（10）再次与贷款中介合作的意愿

在被调查对象中，认为一定会考虑与贷款中介再次合作的客户占比为37.5%，认为可能会考虑再次合作的客户占比为50%，认为不会考虑与贷款中介再次合作的客户占比为12.5%，如图4–10所示。

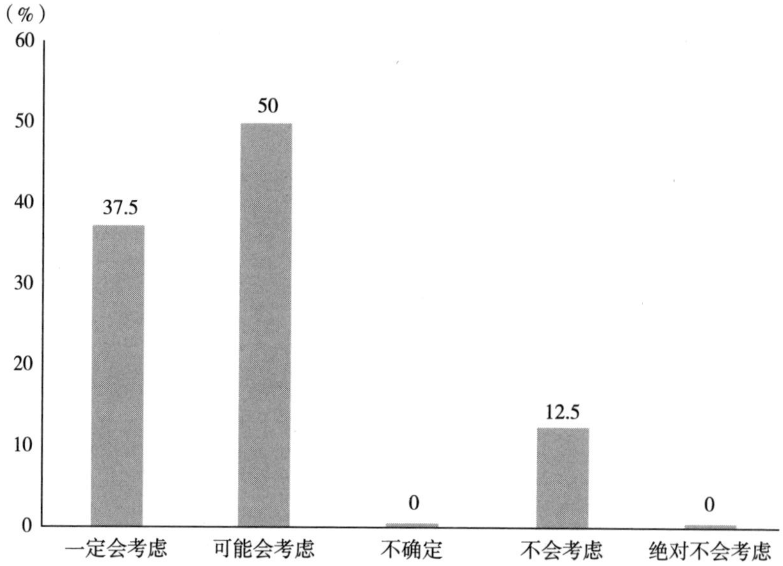

图4–10　再次与贷款中介合作的意愿

（11）与贷款中介合作的理由

在被调查对象被问到选择与贷款中介合作的理由时，认为自主申请耗费大量时间、省心省力的占比为75%，认为贷款中介能根据客户需求优化融资方案、提供相关专业服务的占比为62.5%，认为自己对银行产品、风控策略不熟悉、贷款中介能提高成功率的占比为37.5%，认为贷款中介能帮助取得更高的授信额度、希望通过贷款中介包装成功获取贷款的分别占比为25%，如图4–11所示。

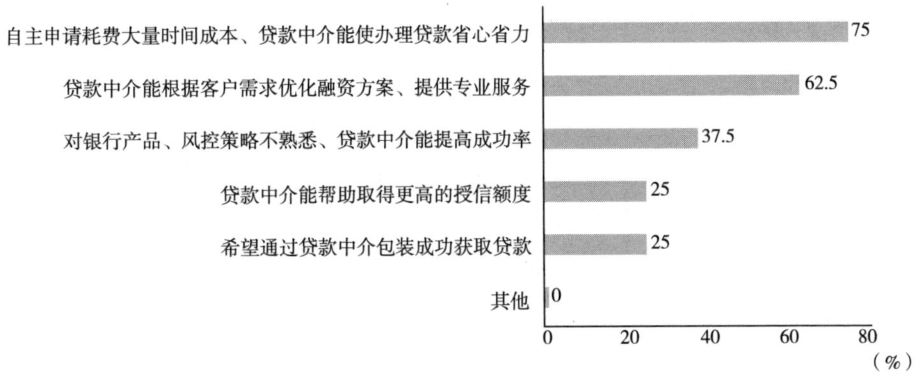

图 4-11　与贷款中介合作的理由

（12）对贷款中介行业规范的建议

在被调查对象中，客户建议规范行业准入资质、发放贷款中介牌照的占比为 87.5%，建议监管机构认可贷款中介行业的占比为 75%，建议规范营业执照经营范围、规范服务收费标准的分别占比为 62.5%，建议实施从业人员备案管理、明确监管贷款中介机构的分别占比为 50%，建议成立贷款中介行业协会、建立贷款中介白名单及黑名单、加强消费者权益保护的分别占比为 37.5%，建议加强金融机构对贷款中介的管理责任、成立第三方贷款服务评级平台的分别占比为 25%，如图 4-12 所示。

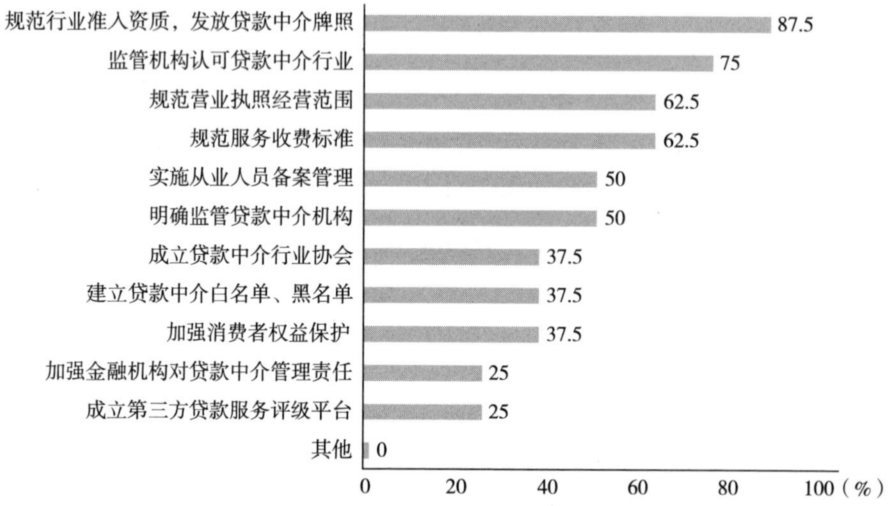

图 4–12 对贷款中介行业规范的建议

2. 金融机构对贷款中介的需求分析

（1）所属金融机构的类型

在被调查对象中，国有大型银行占比为 44.44%，股份制银行占比为 22.22%，小额贷款公司占比为 11.11%，城市商业银行占比为 5.56%，其他类型占比为 16.67%，如图 4–13 所示。

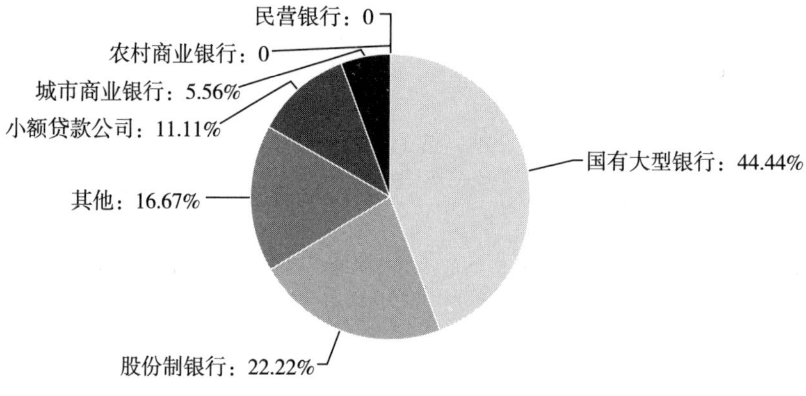

图 4–13 所属金融机构的类型

（2）在金融机构中所属部门及职位

在被调查对象中，客户经理占比为27.78%，所属普惠金融部、公司业务部的分别占比为22.22%，所属支行（分理处）的占比为16.67%，所属网络金融部、部门经理的分别占比为11.11%，其他占比为16.67%，如图4-14所示。

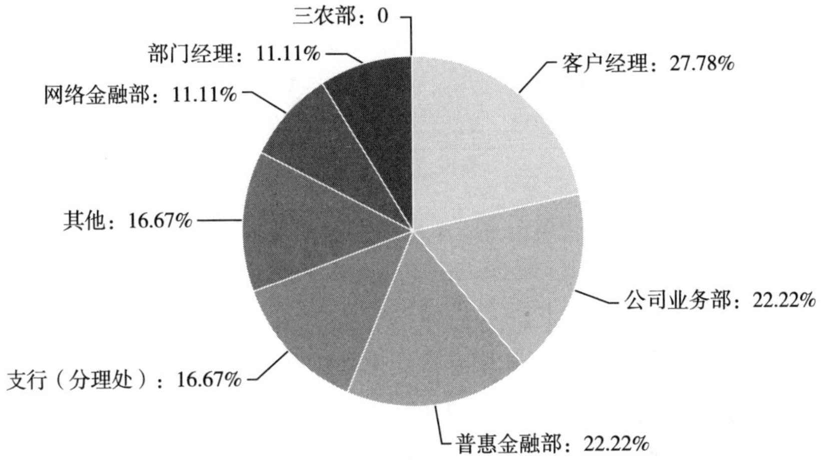

图4-14　在金融机构中所属部门及职位

（3）对贷款中介的态度

在被调查对象中，对贷款中介持谨慎合作态度的占比为50%，持警惕态度、保持开放态度的分别占比为22.22%，持保持接触态度的占比为5.56%，如图4-15所示。

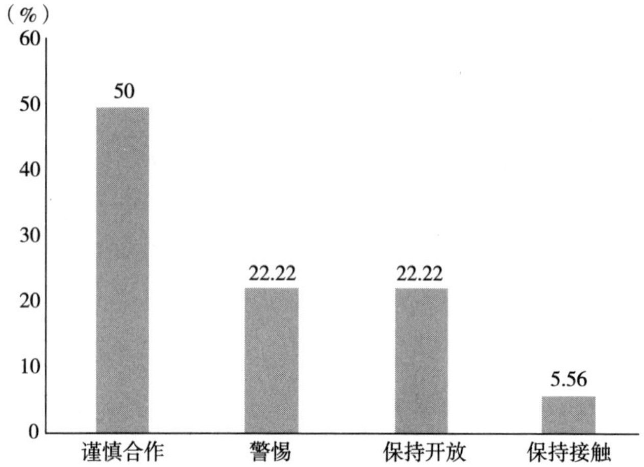

图 4-15 对贷款中介的态度

（4）与贷款中介合作的贷款产品种类

在被调查对象中，与贷款中介合作抵押贷款业务的占比 88.89%，合作小微企业主经营贷款的占比为 83.33%，合作个人消费贷款、小微企业信用贷款的分别占比为 77.78%，合作小微企业抵押贷款的占比为 72.22%，如图 4-16 所示。

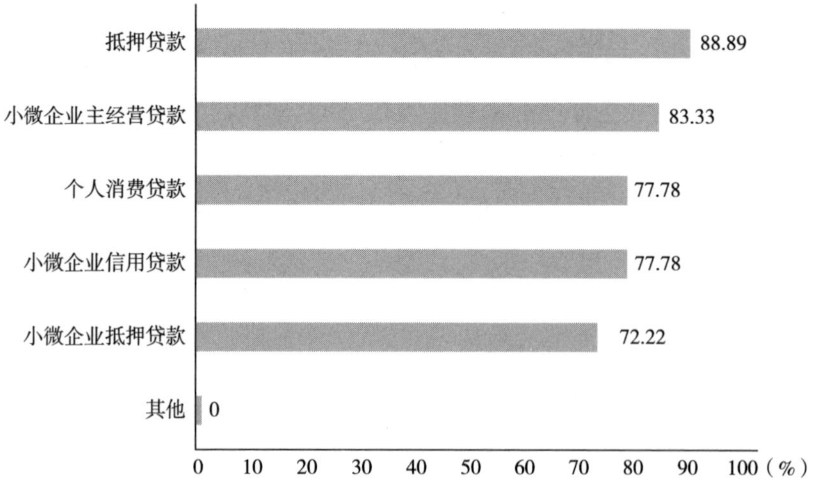

图 4-16 与贷款中介合作的贷款产品种类

（5）与贷款中介合作对于金融机构所起的作用

在被调查对象中，认为与贷款中介合作能扩大贷款产品的销售渠道、提升金融机构产品匹配度的分别占比为 77.78%，认为能提高金融机构获客效率的占比为 66.67%，认为能提升客户满意度的占比为 61.11%，认为能产生其他作用的占比为 5.56%，如图 4–17 所示。

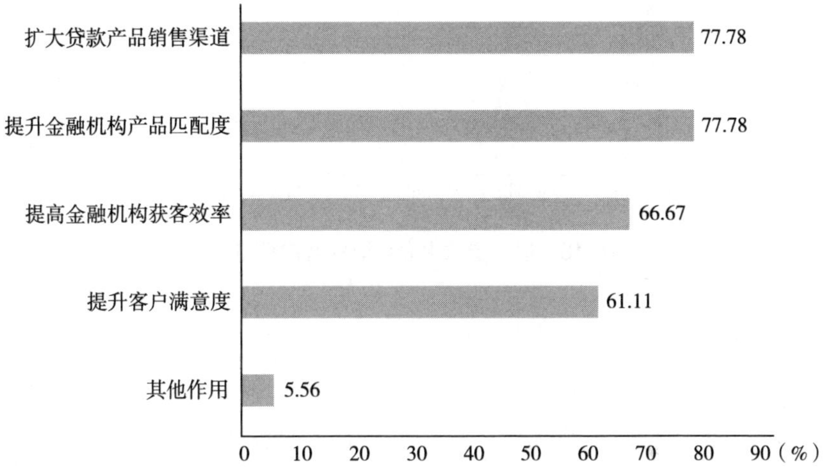

图 4–17　与贷款中介合作对于金融机构所起的作用

（6）通过贷款中介获取的客户数量占比

在被调查对象中，38.89% 的被调查者认为通过贷款中介获取的客户数量占比为 41%~60%，33.33% 的认为通过贷款中介获取的客户数量占比低于 20%，16.67% 的认为通过贷款中介获取的客户数量占比在 80% 以上，5.56% 的认为通过贷款中介获取的客户数量分别占比 21%~40%、61%~80%，如图 4–18 所示。

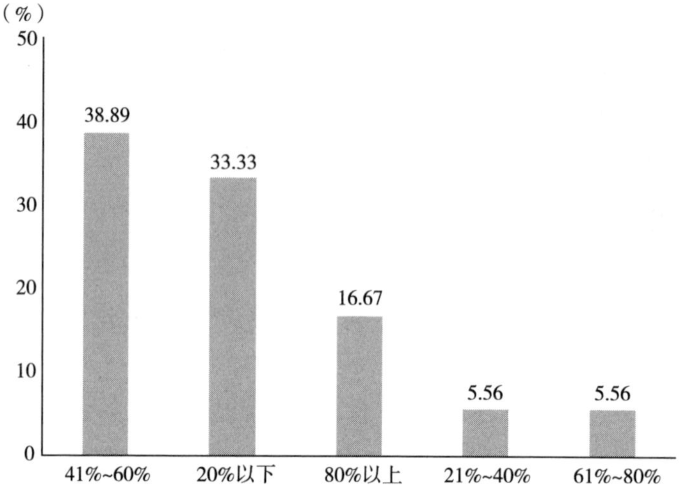

图 4-18　通过贷款中介获取的客户数量占比

（7）认为贷款中介需要改进或优化的环节

在被调查对象中，77.78% 的被调查者认为贷款中介应在风险管理与合规性检查方面进行改进或优化，66.67% 的认为贷款中介应在费用结算与合作条款方面进行改进或优化，44.44% 的认为贷款中介应在信息沟通与传递方面进行改进或优化，33.33% 的认为贷款中介应在贷款申请流程方面进行改进或优化，如图 4-19 所示。

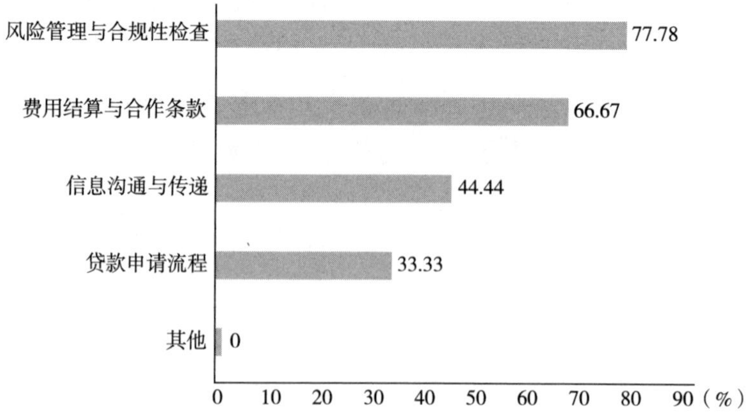

图 4-19　认为贷款中介需要改进或优化的环节

（8）与贷款中介合作最重要的方面

在被调查对象中，认为与贷款中介合作最重要的是中介的费用透明度与合理性的占比为 72.22%，认为是中介的专业程度与服务质量、中介的客户群体与市场需求洞察力的分别占比为 66.67%，认为是中介的技术能力和信息化水平的占比为 44.44%，如图 4–20 所示。

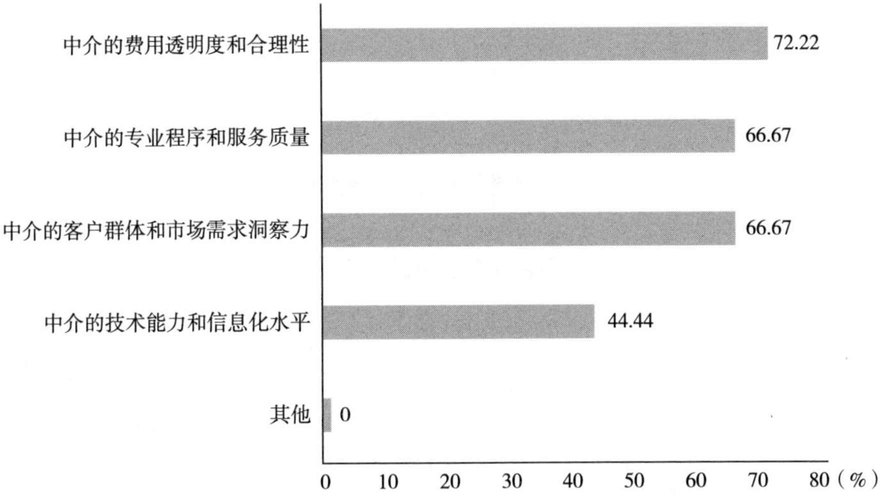

图 4–20　与贷款中介合作最重要的方面

（9）选择与贷款中介合作的依据

在被调查对象中，44.44% 的金融机构通过中介机构的专业资质和认证情况分析来选择合作的贷款中介，33.33% 的金融机构通过过往合作经验和案例分析来选择，11.11% 的金融机构分别通过中介的品牌知名度和市场口碑、与其他金融机构的交流和推荐来选择，如图 4–21 所示。

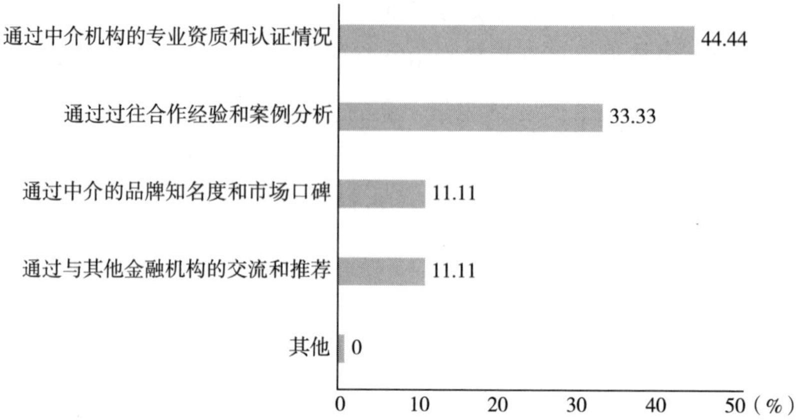

图 4–21　选择与贷款中介合作的依据

（10）与贷款中介合作存在的主要挑战或问题

在被调查对象中，在与贷款中介合作的过程中存在的主要挑战或问题，认为是中介服务质量不稳定、缺乏统一标准的占比为 66.67%，认为是合作费用高昂、与收益不成比例的占比为 44.44%，认为是信息传递不及时、缺乏透明度的占比为 38.89%，认为是合作流程繁琐、沟通成本高的占比为 33.33%，认为是其他的占比为 5.56%，如图 4–22 所示。

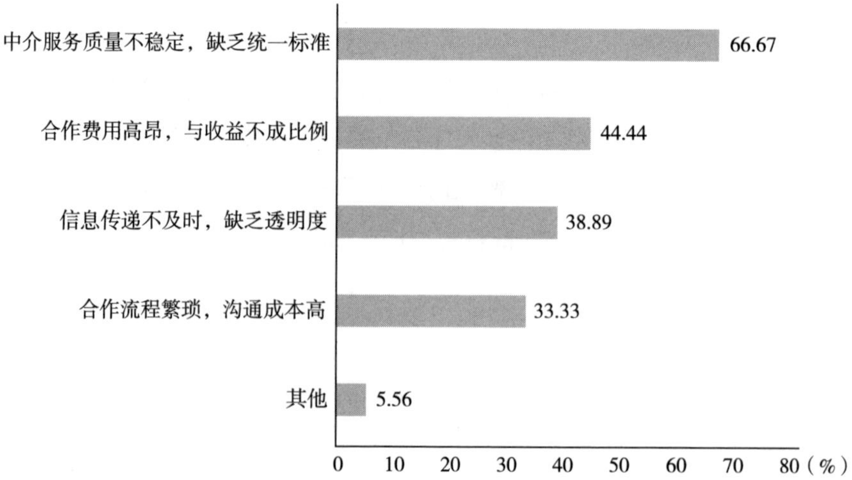

图 4–22　与贷款中介合作存在的主要挑战或问题

（11）金融机构规范与贷款中介合作应采取的措施

在被调查对象中，认为金融机构应该建立常态化监督机制的占比为88.89%，认为金融机构应该扣除部分佣金、解除合作协议的分别占比33.33%，如图4–23所示。

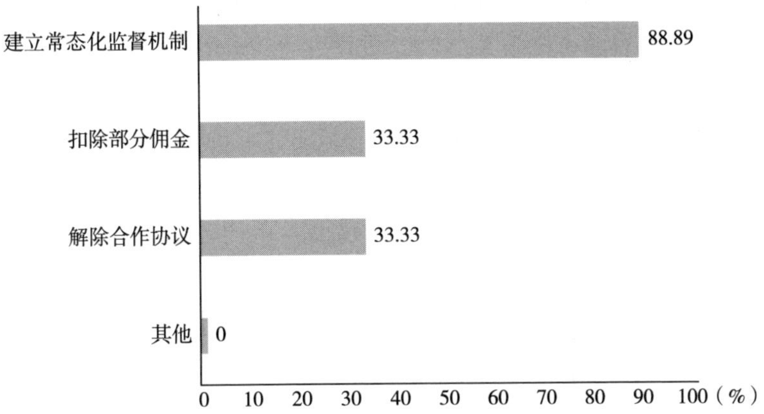

图4–23　金融机构规范与贷款中介合作应采取的措施

（12）金融机构与贷款中介的合作模式

在被调查对象中，金融机构与贷款中介的合作通过签订公对公合作协议的占比为72.22%，通过非书面合作的占比为44.44%，通过其他方式合作的占比为5.56%，如图4–24所示。

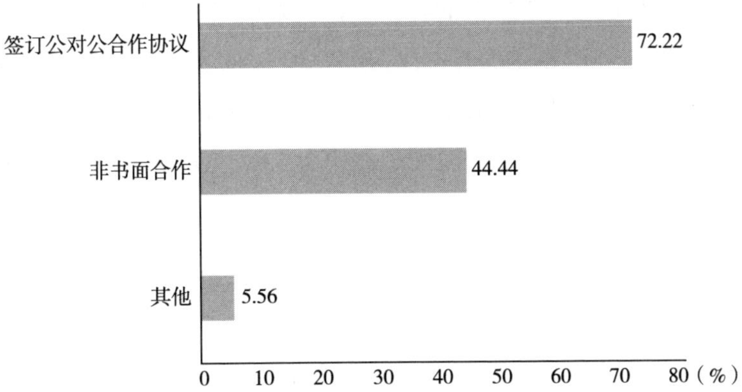

图4–24　金融机构与贷款中介的合作模式

（13）与金融机构合作的贷款中介服务类型

在被调查对象中，与金融机构合作的贷款中介提供传统贷款中介服务（以线下服务为主，通过代办、经纪、顾问等方式为借款人和贷款机构提供服务）的占比为50%，提供新型贷款中介服务（以线上服务为主，利用互联网、大数据等技术，为借款人和贷款机构提供服务）的占比为44.44%，两者都有的占比为55.56%，如图4–25所示。

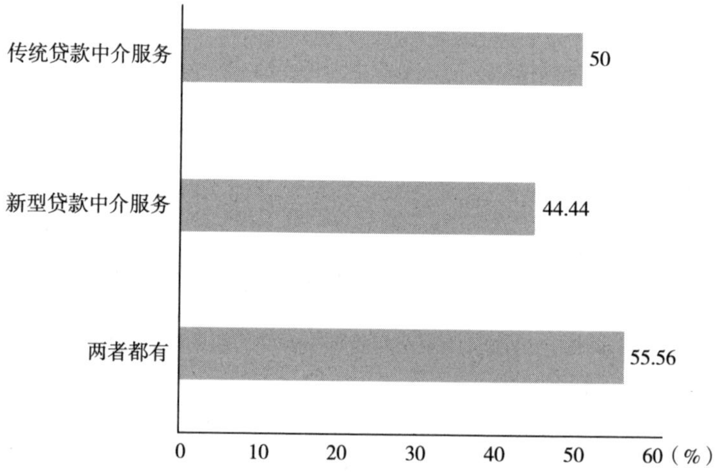

图4–25　与金融机构合作的贷款中介服务类型

（14）在与贷款中介的合作中值得肯定的表现

在被调查对象与贷款中介的合作中，认为贷款中介服务专业度高、能够提供有价值的咨询和建议的占比为83.33%，认为贷款中介合作流程顺畅、沟通高效及时、响应需求变化能力强的占比为66.67%，认为贷款中介费用透明合理、与合作收益相匹配的占比为50%，认为贷款中介在风险管理和合规性方面表现良好的占比为44.44%，如图4–26所示。

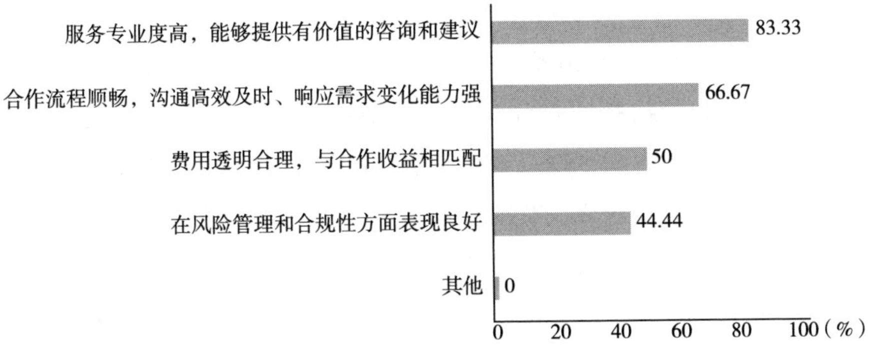

图 4–26　在与贷款中介的合作中值得肯定的表现

（15）与贷款中介合作中希望改进的方面

在被调查对象中，希望加强信息透明度和数据共享、提升决策准确性的占比为 72.22%，希望提高合作效率和响应速度、优化合作流程，以及希望降低合作费用、提升成本效益比例的分别占比为 66.67%，希望加强风险管理和合规性检查、保障业务安全稳定发展的占比为 55.56%，如图 4–27 所示。

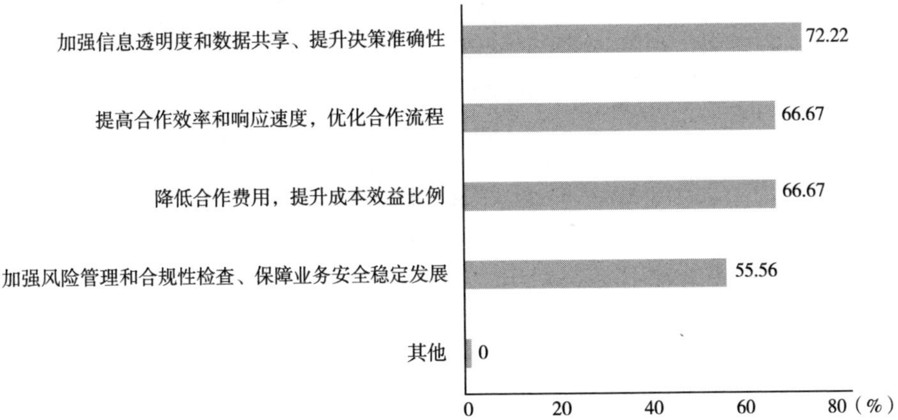

图 4–27　贷款中介合作中希望改进的方面

（16）对贷款中介行业规范的建议

在被调查对象对贷款中介行业规范的建议中，建议加强贷款中介机构资质监管、发放贷款中介牌照的占比为 88.89%，建议实施贷款中介从业人员备案管理的占比为 83.33%，建议成立行业协会、加强行业自律的占比为 66.67%，建议加大不法贷款中介司法打击力度、规范服务收费和服务标准的分别占比为 55.56%，建议建立贷款中介白名单、黑名单的占比为 50%，建议成立第三方贷款服务评级平台的占比为 38.89%，建议夯实银行对合作机构管理责任的占比为 33.33%，其他建议占比为 5.56%，如图 4-28 所示。

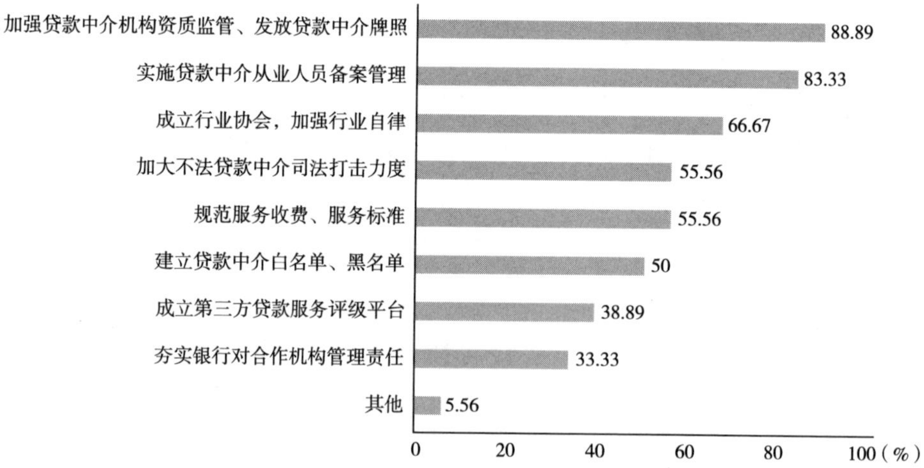

图 4-28　对贷款中介行业规范的建议

二、市场供给分析

（一）中介机构数量与分布

根据实地调研发现，当前贷款中介机构的审批主要以工商注册为准，其登记的经营范围以商务信息咨询、投资信息咨询、企业管理信息咨询、金融外包服务、贷款手续代办等为主，从业人员达到 300 万人。通过“企查查”平台查询企业的工商登记信息，截至 2025 年 7 月底，涉及信息咨询业务的企业达到 171 万家，涉及金融服务外包的企业 19.8 万家，涉及贷款业务的企业 28.7 万家，其中具体经营范围登记为贷款手续代办等业务的企业为 28470 家，主要分布在民营经济较发达的广东、浙江和江苏三个省份，如图 4–29 所示。

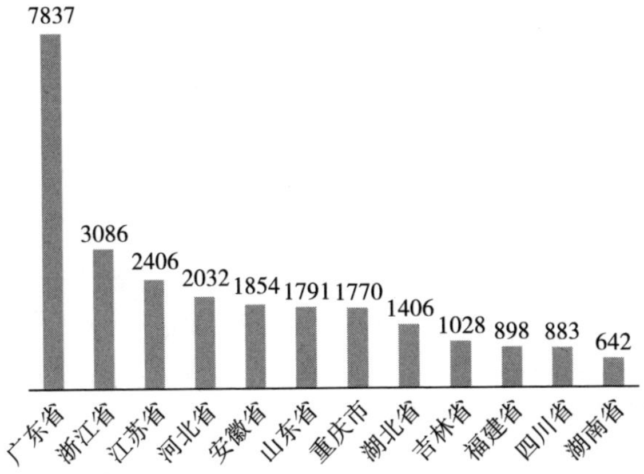

图 4–29　工商经营范围涉及贷款手续代办的企业数量及分布

为进一步了解贷款中介行业的现状，2023 年 12 月至 2024 年 4 月在北京、成都和重庆等地面向贷款中介机构开展了问卷调查，发放问卷 300 份，回收有效问卷 225 份，有效率为 75%。在被调查对象中，与大型银行、股份制银行合作的分别占比为 72%，与民营银行（含互联网银行）合作的占比为 64%，与农商行合作的占比为 64%，与消费金融公司合作的占比为 60%，与城商行、小额贷款公司合作的分别占比为 48%，与信托公司合作的占比为 36%，与其他机构合作的占比为 8%，如图 4–30 所示。

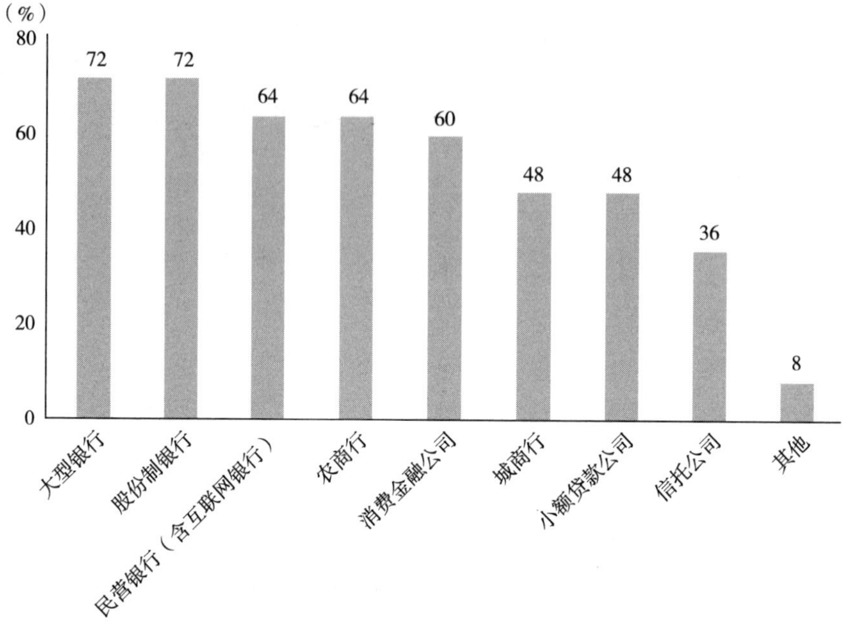

图 4-30　贷款中介机构与金融机构的合作对象

在被调查对象中，认为贷款中介存在的意义为：能为客户提供多家金融机构贷款产品的占比为 92%，能降低客户时间成本的占比为 88%，能提高金融机构获客效率的占比为 72%，其他占比为 8%，如图 4-31 所示。

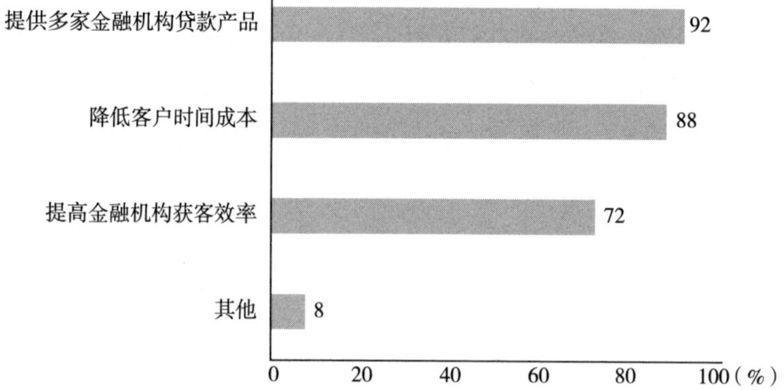

图 4-31　贷款中介存在的意义

（二）服务类型与特点

贷款中介机构主要提供贷款咨询、贷款申请、贷款审批跟进等一站式服务。这些服务具有专业性、便捷性和高效性等特点，能够帮助客户更好地了解和选择适合自己的贷款产品，提高贷款申请的效率和成功率。

1. 贷款中介服务的客户群体

在被调查对象中，贷款中介所服务的客户中，小微企业占比为80%，个人消费者占比为76%，个体工商户的占比为72%，中型企业占比为52%，其他客户占比为4%，如图4–32所示。

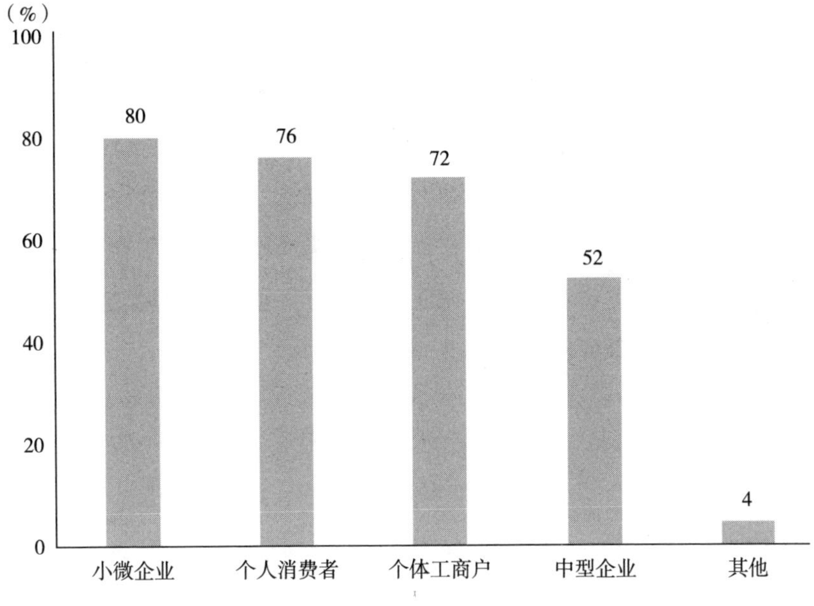

图4–32　贷款中介服务的客户群体

2. 客户贷款的平均额度

在被调查对象中，贷款金额50万以上的占比为32%，31万~50万元的占比为24%，11万~30万元的占比为28%，1万~10万元的占比为16%，如图4–33所示。

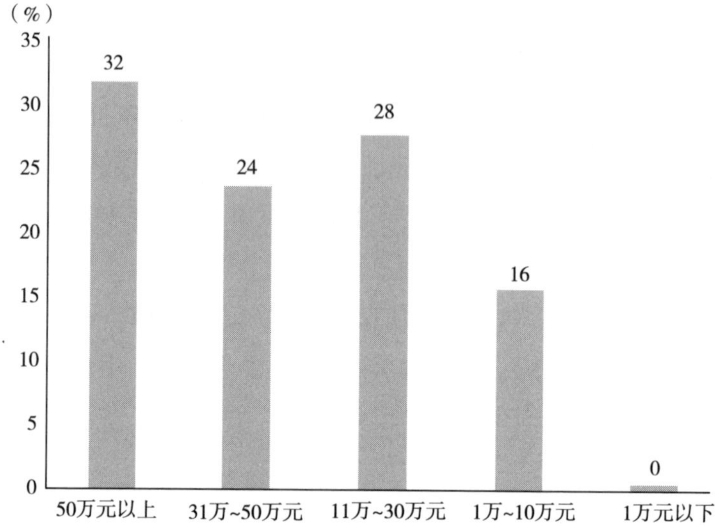

图 4-33　客户贷款的平均额度

3. 贷款中介的获客方式

在被调查对象中，通过电销获客、网销获客、陌拜获客以及通过线上广告投放（如抖音，小红书等）获客占比均为 40%，通过平台导流获客占比为 36%，通过线下广告投放（如地铁广告等）获客占比为 32%，通过其他方式获客占比为 28%，如图 4-34 所示。

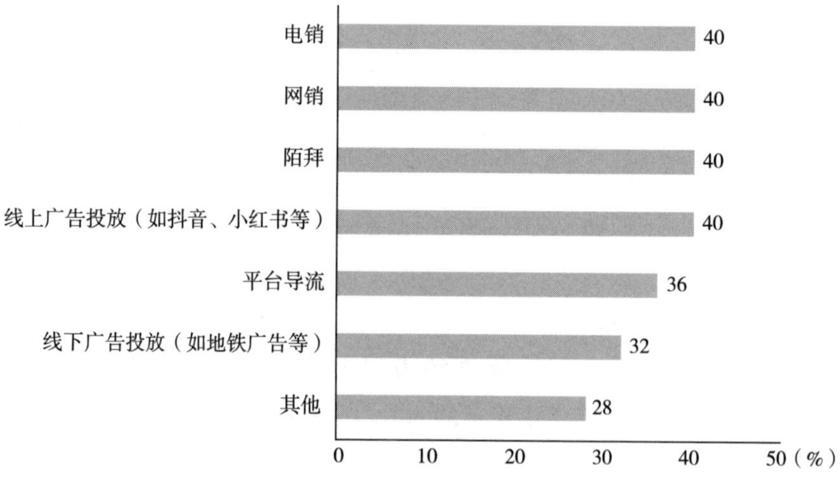

图 4-34　贷款中介的获客方式

4. 目前所提供贷款产品的类型

在被调查对象中，贷款中介所提供的产品中个人消费贷款占比、小微企业经营贷款分别占比为80%，抵押贷款、小微企业信用贷款分别占比为76%，小微企业抵押贷款占比为60%，其他类型产品占比为4%，如图4-35所示。

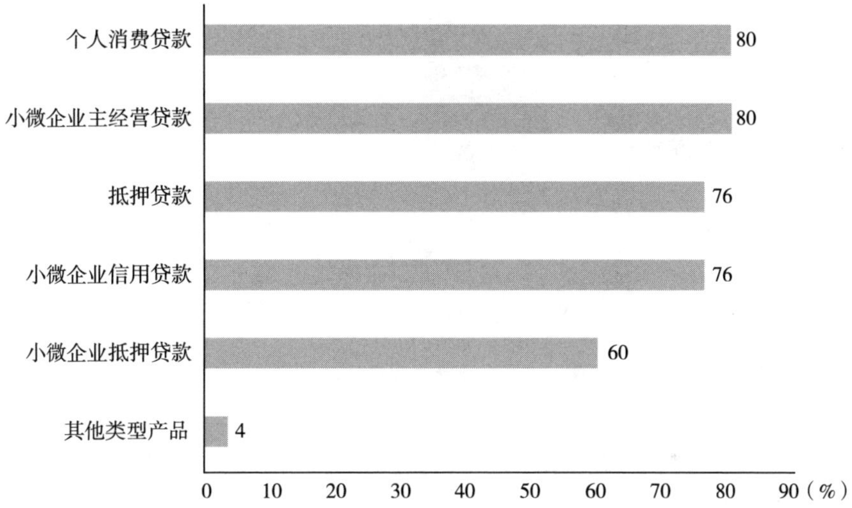

图 4-35　目前所提供贷款产品的类型

（三）市场竞争格局

线上市场方面，随着互联网技术的不断发展和普及，越来越多的贷款中介机构开始拓展线上业务。这些机构通过互联网平台提供线上咨询、申请和审批等服务，打破了地域限制，扩大了服务范围。同时，线上贷款中介机构也面临着激烈的竞争，需要不断创新和优化服务来吸引和留住客户。

线下市场方面，传统贷款中介机构仍然占据一定的市场份额。这些机构通过面对面的咨询和服务，能够为客户提供更加个性化和贴心的服务体验。然而，随着市场竞争加剧和客户需求的变化，传统贷款中介机构也需要不断创新和改进来适应市场变化。

在面向贷款中介机构开展的问卷调查中，专业线下中介（如御顺、摩尔龙等）占比为 50%，兼业线下中介（如链家等）占比为 16.67%，互联网金融服务平台（如新浪数科、客一客等）占比为 16.67%，共享办公平台占比为 4.17%，其他的占比为 12.5%，如图 4–36 所示。

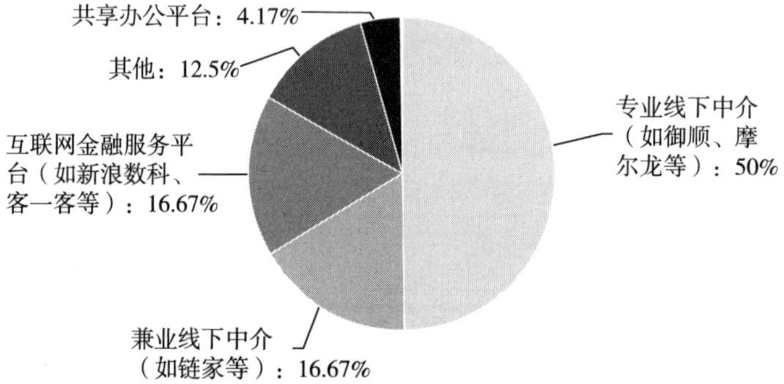

图 4–36　贷款中介机构的类型

1. 贷款中介面临的挑战

在面向贷款中介机构开展的问卷调查中，对于贷款中介所面临的挑战，认为市场竞争加剧的占比为 72%，认为不法贷款中介扰乱市场的占比为 64%，认为客户需求多样化的占比为 52%，认为监管机构不认可行业的占比为 48%，认为收费没有统一标准的占比为 44%，认为技术创新压力大的占比为 40%，认为员工离职率高、没有监管政策 / 法规、客户转化率低的均占比为 32%，认为层级利益化严重的占比为 24%，如图 4–37 所示。

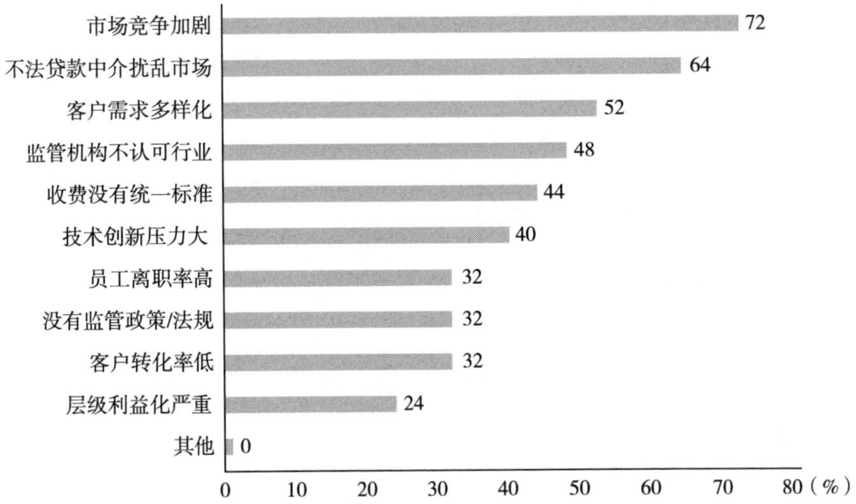

图 4–37　贷款中介面临的挑战

2. 对贷款中介行业健康有序发展的建议

在面向贷款中介机构开展的问卷调查中，建议监管机构认可贷款中介行业的占比为 100%，建议规范行业准入资质，发放贷款中介牌照的占比为 88%，建议规范服务收费标准的占比为 72%，建议成立贷款中介行业协会（全国性、区域性）的占比为 64%，建议规范营业执照经营范围（如加入贷款中介等）的占比为 60%，建议实施从业人员备案管理（如考取从业资格证等）的占比为 60%，建议明确监管贷款中介的机构（如人民银行、地方金融监督管理局、工商局等）、建立贷款中介白名单和黑名单、加强消费者权益保护（如客户隐私信息保护等）的占比均为 48%，建议成立第三方贷款服务评级平台的占比为 44%，建议加强金融机构对贷款中介管理责任的占比为 32%，如图 4–38 所示。

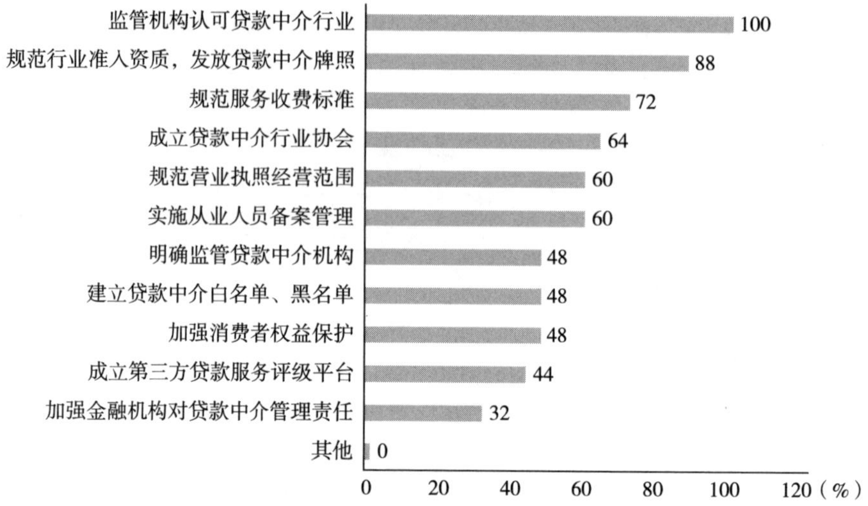

图 4-38　对贷款中介行业健康有序发展的建议

三、主要竞争者分析与市场份额

（一）主要竞争者分析

1. 传统贷款中介

在传统贷款中介行业中，以款姐（御顺金融）与摩尔龙为代表，它们正致力于构建一个融合线上线下的全方位服务体系。这两家机构在发展策略上均将个性化、多样化和本地化服务作为其核心竞争力的关键，如表4-1所示。

款姐（御顺金融）以其品牌理念和透明度赢得了市场的认可。它坚持开放和诚信的原则，致力于为客户提供清晰、透明的服务流程，从而建立起强大的客户信任基础。而摩尔龙则凭借其技术驱动的个性化服务和多元化业务布局，在行业中占据了优势地位。它利用先进的技术手段，为客户提供量身定制的金融解决方案，满足不同客户的个性化需求。

在优化线下服务体验方面，两家机构都不遗余力。它们通过提供个性化服务、多样化金融产品和深入本地市场的策略，不断提升客户的服务体验。同时，它们也在积极扩大服务网络，深化与地方金融机构的合作，以增强自身的市场竞争力。在保持线下服务优势的同时，款姐（御顺金融）和摩尔龙也在积极整合线上资源，以提升整体服务效率和客户体验。通过线上线下的无缝对接，它们为客户提供了更为便捷、高效的服务，满足了现代消费者对于金融服务的多元化需求。

表 4–1　线下贷款中介机构比较

	款姐（御顺金融）	摩尔龙
主要产品	抵押贷款：房产抵押贷、汽车抵押贷 信用贷款：保单贷、公积金贷、工资流水贷、房产月供贷 企业贷款：营业执照、经营流水、税票 / 发票	个人信用贷；抵押贷款；企业贷款 摩尔龙与多家金融机构合作开发了200多款差异化贷款产品，资源丰富，满足各种资质客户需求
业务布局	贷款中介大平台	金融超市（打造金融科技生态平台） 经纪人平台（基于人脉的金融产品分销平台） 百城千店（金融产品助贷运营服务商）
合作机构	与建设银行、工商银行、中信银行、农业银行、中国银行、招商银行、长城华西银行、成都银行、华夏银行、平安银行等在内的200多家银行及持牌金融机构建立了常态化深度合作关系，保障客户办理的贷款都是合规合法的	与100多家银行等正规持牌金融机构进行深度合作，包括但不限于建设银行、农业银行、工商银行、邮储银行、招商银行等，在银行驻点办理业务，资金直接从银行转到客户的银行卡上，操作流程规范化
服务优势	款姐是业内首家提出“良心助贷”理念的品牌企业，也一直在践行透明金融，即产品透明、收费透明、流程透明。客户对办理的产品、所缴的费用，办理的每一个流程，都能清清楚楚，真正做到让客户贷款安心，用款放心	自研金融风控模型 – 避免花征信：通过金融科技智能操作系统对摩尔龙大数据库的数据分析及建模，多维度测评出银行等各个机构每个产品的特点及隐性门槛，这是摩尔龙的核心优势之一。专业的客户经理根据客户情况筛选出合适的产品，系统匹配成功后再办理，有效避免花征信，提高放款成功率
收费标准	贷款手续费为2%~3%	信贷类别中最低的服务费为3%，车抵贷5万元以下的收费标准为4%~8%，小贷及其他贷款5万元的收费标准为6%~8%

2. 新型贷款中介

如表 4–2 所示，作为发展较快的头部新型贷款中介平台：陆金所、字节跳动（抖音）、度小满的角色定位和侧重点各有不同，体现了行业的多元化发展路径。陆金所作为平安集团旗下的金融科技平台，其核心优势在于深厚的金融行业背景和多元化的产品线，提供包括但不限于贷款的全方位金融服务，强调的是金融服务的专业性、安全性和综合性。度小满则依托百度的科技实力，特别是在人工智能和大数据分析方面的优势，聚焦于通过技术驱动来优化贷款等金融服务的效率和用户体验，致力于打造智能化的金融服务体系，其特色在于技术赋能的个性化服务。相比之下，抖音虽然本质上是一个短视频社交平台，但其庞大的用户基础和高效的推荐算法使其成为金融产品推广的重要渠道之一，尤其是在引导用户发现和了解各类贷款产品方面。抖音在金融领域的角色更多体现为一个高度流量化的营销平台，而非直接的金融服务提供商。这些异同点反映了数字时代金融服务与科技、社交媒体等领域的深度融合与创新。

表 4–2　线上贷款中介机构比较

	陆金所	度小满	字节跳动（抖音）
行业定位	陆金所最初以 P2P 网络借贷平台起家，后逐渐转型为综合性的金融科技公司，提供包括投资、理财、保险、贷款等在内的金融服务。作为平安集团的一部分，陆金所拥有强大的金融背景和资源	度小满金融原百度金融，是百度旗下的金融科技公司，专注于提供消费信贷、理财、保险等服务。通过大数据和人工智能技术优化金融服务	抖音作为一个短视频社交平台，其商业模式主要基于广告、电商和内容创作者经济。尽管不是传统意义上的金融中介，但通过平台流量和广告推广，为包括金融产品在内的各种商品和服务提供了推广渠道
竞争优势	品牌与背书：依托中国平安集团，拥有较高的品牌知名度和信任度。 产品多样性：提供多元化的金融服务，满足不同用户的投资和融资需求。 风险管理：借助平安集团的风险管理经验和数据支持，有能力提供较为稳健的金融产品	技术驱动：利用百度的 AI 技术和大数据分析能力，提供个性化金融服务。 产品体验：在信贷、理财等方面设计了便捷的用户体验，如快速审批、个性化推荐等。 生态系统整合：与百度生态系统的深度整合，可以触及更广泛的用户群体	巨大流量：拥有庞大的用户基础和高活跃度，为广告主提供广阔的曝光机会。 精准营销：利用算法推荐，能实现广告的精准投放，提高点击转化率。 内容创新：鼓励内容创新，吸引用户注意力，增强广告效果

（1）陆金所

作为中国平安集团旗下的金融科技公司，陆金所贷款平台是其金融科技业务中的重要组成部分，专注于为个人及小微企业提供融资服务，并帮助资金供需双方实现有效对接。以“资产端闭环＋资金端平台”的线上贷款模式，构建信贷业务的竞争力和可持续发展模式，如表 4–3 所示。

表 4–3　陆金所线上贷款模式

资产端策略		资金端策略	
差异化客群定位	陆金所依托平安普惠的品牌与经验，聚焦于小微企业主，利用其对市场的深刻理解，针对这个群体量身定制信贷解决方案。小微企业市场广阔且融资需求旺盛，选择此细分市场既符合市场需求，也是发挥其相对竞争优势的体现	助贷模式与轻资产运营	采取助贷模式，意味着陆金所本身并不直接承担全部贷款资金压力，而是更多地扮演撮合角色，这有利于降低自身资本占用，实现轻资产运营，同时扩大业务规模
业务模式	结合线上线下的服务模式，不仅覆盖了更广泛的客户群体，而且通过线上化流程提升了服务效率，为客户提供更为便捷的体验，同时优化了传统小贷业务模式，实现了业务模式的现代化升级	多元化资金来源与充足的授信	资金来源于广泛的机构，包括众多银行和信托公司，且单一机构出资占比不超过10%，这表明资金来源的多样化和稳定性，授信使用率高也反映了资金供给的充足
全流程闭环管理	通过全链条的业务管理，从客户获取直至资产处置，陆金所不仅能够严密监控资产质量，还能确保业务流程的高效与透明，这种闭环管理对于提升资金方信心、促进平台信任度具有重要作用	风险分散机制	通过与多家增信机构合作，包括保险公司和担保公司，陆金所有效分散了信贷风险，保持较低的自担风险比例，大部分风险通过信用保险和融资担保转移，这种做法增强了其风险抵御能力，保障了业务的可持续发展

（2）度小满金融

度小满金融通过旗下的信贷服务平台“有钱花”及其他金融服务，扮演着类似贷款中介的角色，即连接借款人与资金提供方，帮助用户获取信贷服务，如表 4–4 所示。

表 4–4 度小满金融线上贷款模式

科技赋能信贷评估	度小满利用百度集团在人工智能和大数据分析方面的技术优势，对用户进行信用评估。通过分析用户的搜索行为、交易记录、社交数据等多维度信息，实现快速且精确的风险评估，为用户提供个性化的信贷服务
个人消费信贷为主	度小满的信贷产品主要面向个人消费者，提供包括“满易贷”“尊享贷”等产品，主要用于日常消费、教育、医美、租房等领域，满足用户多样化的资金需求
灵活便捷的借款体验	用户可以在度小满金融的 App 上轻松完成申请、审批、放款和还款的全过程，操作简便快捷。贷款额度范围广泛，从几百元到几十万元不等，年化利率较低，支持随借随还，利息按日计算，提高了资金使用的灵活性
闭环风险管理	度小满金融对信贷业务实行全周期管理，从客户获取、信用审核、放款到后续的还款跟踪和逾期管理，形成业务闭环，有效控制风险，保证资产质量

（3）字节跳动（抖音）

字节跳动（抖音）作为内容分发平台，主要通过广告形式为贷款产品提供展示和导流，其核心优势在于巨大的用户流量和精准的算法推荐能力，但自身并不直接参与金融服务的提供，更多扮演着金融产品推广者的角色，如表 4–5 所示。

除了导流引入，字节跳动采用“自营 + 助贷”的混合模式，经营消费贷款业务。通过自营消费贷产品“放心借”和自营消费分期产品“抖音月付”，为用户提供便捷的贷款服务。这两个产品的贷款余额均已飙升至千亿元以上规模，成为字节跳动消费贷款业务的重要支柱。

表 4–5　字节跳动（抖音）线上贷款模式

自营产品	放心借：作为一款现金消费贷产品，主要面向 C 端用户及 B 端小微企业，提供便捷的贷款服务，具有一定的灵活性。 抖音月付：主要服务于抖音商城的消费者，提供分期付款选项，用户可根据自身需求选择不同分期期限和利率，享受灵活消费
助贷合作	字节跳动与多家金融机构合作，共同为用户提供贷款服务。这种合作模式不仅利用了金融机构的资金实力，还借助它们的风险控制能力，以此来降低贷款风险并提升贷款效率
技术驱动	字节跳动利用其在大数据、人工智能等领域的技术积累，对借款人进行精准评估，提高了贷款审批的效率和风险控制水平，为用户提供更安全、便捷的贷款体验
牌照与资金实力	字节跳动通过旗下的深圳市中融小额贷款有限公司（中融小贷）持有信贷类金融牌照，且中融小贷的注册资本高达 90 亿元，后增至 190 亿元，这增强了其资金实力，并为突破区域展业限制、提升放贷余额上限提供了基础

（二）市场份额与排名

线上贷款中介市场呈现出高度集中的市场结构，少数几家头部企业几乎垄断了市场的大部分份额，而中型及小型企业则在剩余市场中竞争。

相关数据显示[①]，如图 4–39 所示，总计 7 家头部企业的在贷规模超过 1000 亿元，合计占整体市场的 69.9%，包括陆金所、字节跳动（通过抖音平台涉足金融服务）、度小满、美团金融、奇富科技、乐信以及京东金融。少数大型平台掌握了绝大部分市场份额，体现了较高的行业集中度和寡头竞争格局。在 200 亿元至 1000 亿元贷款规模区间内，有包括信也科技、瓴岳科技、滴滴金融、桔子数科等 11 家企业，占据了 20.1% 的市场份额。这些企业在市场上虽不及头部企业那样占据主导地位，但依然是重要的参与者，对市场格局有一定的影响力。贷款规模在 200 亿元以下的企业数量较多，如新浪数科、中国电信、国美金融等 25 家企业，占整体在贷规模的 10%。反映小型企业在面对头部和中型企业的竞争时，市场份额相对较小，生存和发展面临较大挑战。

① 资料来源：根据网上公开资料整理。

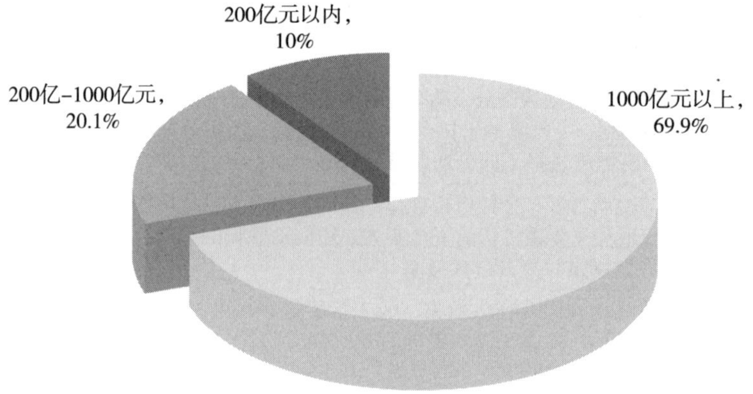

图 4–39 线上贷款中介在贷规模占比（按照企业数量）

综合年化利率在贷款市场中是决定产品竞争力及风险管理的关键因素之一。各线上贷款中介通过设置不同的利率策略来适应市场和监管要求，同时也满足不同用户的融资需求。从在贷规模来看，利率并非直接影响在贷规模的唯一因素。例如，尽管京东金条的利率区间较低（3.9%~24%），但其在贷规模达到 1000 亿元。相比之下，一些利率区间较高的平台如小赢卡贷（9.98%~36%）的在贷规模也不低（480 亿元），说明市场需求多元化。

利率区间分布方面，大多数线上贷款中介平台的产品综合年化利率分布在 7.2%~36%，这是一个较为广泛的区间。其中，7.2% 作为大部分平台的最低利率起点出现频率较高，而 36% 则是多数平台设定的利率上限。在监管允许的范围内，不同平台和产品根据风险评估、市场定位及竞争策略设置不同的利率水平，如表 4–6 所示。

市场主流利率方面，以 7.2%~24% 的年化利率最为普遍，包括陆金所的平安普惠、抖音的放心借、度小满的有钱花、美团金融的美团月付等多个知名平台的产品都落在该区间内，反映市场对个人消费信贷产品的普遍接受利率范围。

固定利率与浮动区间方面，部分平台如翼支付提供固定年化利率（24%），而多数平台则提供一个利率浮动区间，反映不同平台在定价策略上的灵活性，以及对不同用户信用资质的差异化对待。

表 4–6　我国主要新型贷款中介平台

序号	贷款中介平台	产品名称	综合年化利率	在贷规模
1	陆金所	平安普惠	7.2%~24%	3600亿元
2	抖音	放心借	7.2%~24%	3000亿元
3	度小满	有钱花	7.2%~24%	2000亿元
4	美团金融	美团月付	7.2%~24%	2000亿元
5	奇富科技	360借条	7.2%~24%	1900亿元
6	乐信	分期乐	8%~36%	1200亿元
7	京东金融	京东金条	3.9%~24%	1000亿元
8	信也科技	拍拍贷	4.8%~24%	646亿元
9	瓴岳科技	洋钱罐	9%以上	500亿元
10	嘉银金科	极融	36%以内	500亿元
11	小赢科技	小赢卡贷	9.98%~36%	480亿元
12	数禾科技	还呗	8.4%~36%	420亿元
13	维信金科	豆豆钱	7.2%~36%	370亿元
14	滴滴金融	滴水贷	7.2%~24%	330亿元
15	桔子数科	桔多多	36%以内	300亿元
16	众安小贷	众安贷	36%以内	260亿元
17	微财	好分期	7.2%~36%	230亿元
18	百融	榕树贷	36%以内	200亿元
19	友信	友信普惠	36%以内	190亿元
20	快牛智能	贷上钱	36%以内	160亿元
21	新浪	微博借钱	7.2%以上	160亿元
22	宜信	宜享花	36%以内	155亿元
23	中国电信	翼支付	24%	120亿元
24	全民钱包	分期易卡	36%以内	110亿元

续表

序号	贷款中介平台	产品名称	综合年化利率	在贷规模
25	星图金融	任性付	10.8%~36%	100亿元
26	哈罗数科	臻有钱	36%以内	100亿元
27	恒昌	恒易贷	36%以内	100亿元
28	上海晓途网络	信用飞	7.2%以上	90亿元
29	welab	我来数科	36%以内	90亿元
30	中腾信	小花钱包	36%以内	85亿元
31	融360	时光分期	18%~36%	80亿元
32	国美金融	国美易卡	7.2%~36%	80亿元
33	萨摩耶	省呗	7.2%~36%	80亿元
34	同程数科	同程金融	36%以内	60亿元
35	量化派	羊小咩	36%以内	60亿元
36	洽客金融	爱用商城	36%以内	60亿元
37	万达小贷	万达普惠	36%以内	55亿元
38	源石科技	小象优品	36%以内	44亿元
39	满帮	运满满/货车帮	24%以内	35亿元
40	素妖小贷	夭美贷	36%以内	20亿元
41	美图金融	e钱包	36%以内	20亿元
42	刷宝	小薪意	36%以内	30亿元
43	杭州义牛	51人品贷	36%以内	10亿元

四、业务模式分析

贷款中介行业的业务模式可以根据其服务方式和创新程度进行分类，主要分为传统业务模式和创新业务模式。

（一）传统业务模式

传统贷款中介主要采用线下服务的方式，通过咨询顾问与客户面对面沟通，了解客户需求，然后向金融机构推荐适合的贷款产品。这种模式下，中介机构主要扮演信息传递和咨询服务的角色，帮助客户解决贷款过程中的疑难问题，提高贷款成功率。

具体流程包括：接待客户咨询、分析客户需求、推荐贷款产品、协助准备贷款资料、跟进贷款审批进度以及贷后服务等。这种模式的优点是服务贴近客户，能够满足客户的个性化需求；缺点是服务效率相对较低，且受限于地域和人力成本。

1. 四川御顺金融外包服务有限公司（款姐）的业务模式

四川御顺金融外包服务有限公司（又称为款姐），其主要业务模式为提供金融外包服务，特别是贷款中介服务。该公司通过其强大的金融专业知识和广泛的金融机构合作网络，为中小企业、科创企业及个人客户提供一站式的贷款解决方案，已成为行业领先的线下贷款中介服务平台，具体如表 4–7、图 4–40 所示。

表 4–7　四川御顺金融外包服务有限公司（款姐）的主要业务模式

合作的金融机构	建设银行、工商银行、中信银行、农业银行、中国银行、招商银行、长城华西银行、成都银行、华夏银行、平安银行等在内的200多家银行及持牌金融机构
与金融机构的合作方式	与建设银行成都分行、平安银行、消费金融公司等签订“总对总”合作协议，或者与支行口头合作
服务客户	小微企业和个人客户
获客方式	电销、地推、陌拜、广告、携程引流
贷款产品	抵押贷款：房产抵押贷、汽车抵押贷 信用贷款：保单贷、公积金贷、工资流水贷、房产月供贷 企业贷款：营业执照、经营流水、税票 / 发票

续表

金融服务	从贷款咨询、产品匹配到贷款申请、进度查询等全流程服务； 债务优化服务：针对客户多笔贷款的情况，提供专业的债务优化建议，帮助客户降低债务成本，提高贷款效率
公司布局	成都总公司、重庆分公司、北京分公司、昆明分公司
人员规模	拥有超过1000位经验丰富的客户经理
业务规模	年放款量达50亿元，平均每1小时服务51.2名客户，客户平均放款88.5万元
收费标准	贷款金额的2%~3%
收费方式	10%从资金方收取佣金（签订“总对总”协议），90%从客户方收取费用
服务特色	首倡“透明金融”理念，即：产品透明、收费透明、流程透明

图 4-40　御顺（款姐）的主要业务模式

2. 酷融（北京）金融服务外包有限公司的业务模式

酷融（北京）金融服务外包有限公司的主营业务主要是“垫资过桥”业务，该业务自2016年起开展，具有审批迅速、放款快的特点，资金来源主要为央企和国企。风险控制主要依赖于人工识别，涵盖对个人、财产和事件的综合评估。在北京市场，过桥垫资业务具有一定的品牌影响力，年业务规模为70亿~80亿元人民币。酷融还创新了“提放保”业务模式，以提高放款效率和降低成本。具体如表4-8所示。

表 4–8　酷融（北京）金融服务外包有限公司的主要业务模式

合作的金融机构	哈尔滨银行等央企或国企资金提供方
资金流转模式	央企或国企提供资金，经由助贷机构或“背包客”流向客户，公司扮演中介角色
服务客户	住房抵押贷款客户，有赎楼或提前放款需求的客户
获客方式	电话销售业务、网络销售及自媒体平台吸引客户
贷款产品	垫资过桥业务
金融服务	垫资过桥业务审批流程迅速，实现 T+1 或 T+2 放款
业务规模	业务规模为70亿～80亿元人民币，平均每月约6亿元人民币
收费标准	利率介于万分之四点五～万分之五之间（年利率为16.2%~18%）
收费方式	向助贷机构支付2%~1‰的佣金
服务特色	审批即放款，时效提升80%，时间节约15～20天；成本低，使用周期长；方便快捷，全程线上操作

“提放保”是一种创新的金融服务业务模式，旨在优化房屋抵押贷款流程，提升贷款审批与放款效率。该模式打破了传统贷款流程中的时间瓶颈，通过银行提前放款的方式，实现了审批即放款的极致效率。

（1）“提放保”业务模式的运作流程

在“提放保”模式下，客户向银行申请房屋抵押贷款时，若原房屋已有抵押贷款，则无需等待原贷款结清和抵押解除。银行在审批通过后，即可直接放款给客户，用于结清原贷款。随后，客户再办理新银行的抵押登记手续。这一过程大大缩短了贷款从申请到放款的时间，提升了整体效率。

（2）“提放保”业务模式的优势

1）时效提升：审批即放款，时效提升 80%，时间节约 15~20 天。

2）成本节省：垫资成本更低，相比传统垫资模式，成本节省可达 70%。

3）使用周期长：贷款资金使用周期长，满足客户长期资金需求。

4）方便快捷：全程线上操作，T+0 出结果，方便快捷。

5）利率更低：提放保客户贷款年利息降低 0.15%，最低年化 4%。

6）安全保障：由保险公司承保，担保能力强，品牌有保障。

（3）“提放保”业务模式的适用场景

1）办理银行抵押贷款时，借款人房产已经抵押在银行需要赎楼。

2）办理银行抵押贷款时，客户除赎楼资金外，还急需尾款使用。

3）办理银行抵押贷款时，产权是无抵押状态，但客户急需用款。

“提放保”业务模式的出现，不仅满足了客户对高效、便捷贷款服务的需求，也推动了金融服务的创新与升级。未来，随着该模式的不断推广和完善，将为客户带来更加优质的金融服务体验。

3. 北京靠谱前程网络技术有限公司（办公逸）的业务模式

北京靠谱前程网络技术有限公司（办公逸），是一家领先的智能人力资源管理公司，专注于将前沿科技应用于人力资源管理领域，以提升 HR 工作效率并辅助企业做出更优的人力资源决策。自 2015 年 7 月上线运营以来，公司已注册超过 100 万家企业用户，管理员工数量超过 2500 万，在中国企业服务 SaaS 市场中占据重要地位。

办公逸作为企业税票贷的一级代理商，致力于解决小微企业的融资难题。该业务以小微企业的税收记录和发票信息为基础，提供快速、便捷的贷款服务，提高了小微企业的融资效率。在运营模式上，办公逸采取不收取客户费用的方式，从金融机构返费中获取收益，并通过电销部门、自身客户流量以及大量贷款中介等渠道进行获客。目前，公司已与多家金融机构签订直签协议，整体服务的银行超过 30 家，业务规模庞大。其主要业务模式为提供金融外包服务，特别是贷款中介服务。该公司通过其强大的金融专业知识和广泛的金融机构合作网络，为中小企业、科创企业及个人客户提供一站式的贷款解决方案，已成为行业领先的线下贷款中介服务平台，具体情况如表 4–9 所示。

表 4-9　北京靠谱前程网络技术有限公司（办公逸）的主要业务模式

合作的金融机构	7~8家金融机构直签协议，服务超过30家银行
与金融机构的合作方式	不直接与客户收费，从金融机构返费，与贷款中介合作
服务客户	主要服务小微企业
获客方式	自身客户流量、电销部门拓客、渠道贷款中介（贡献80%）
贷款产品	企业税票贷（信用贷，不做抵押）
其他服务	提供HR SaaS系统，包括智能考勤、人事、薪酬等解决方案；AI业务在招聘、面试、人才挽留等领域提供智能解决方案
人员规模	全公司120多人，金融板块70人
业务规模	企业税票贷业务规模300多亿元
收费方式	从金融机构收取的费用中返还一部分给贷款中介
服务特色	提供智能HR解决方案和AI业务，提升HR工作效率，辅助企业做出更好的人力资源决策

4. 共享办公平台的业务模式

成都助贷行业起源于2000年左右，其快速发展得益于当地的政策环境，摩尔龙、快易贷、裕顺等公司通过电台广告获客。成都助贷行业发展迅速，许多销售团队老板转型为个体户。为了降低成本，共享办公模式应运而生，为助贷机构提供了零成本的办公场所。同时，共享办公平台还提供统一的招聘信息频道，帮助个体户招聘人员。这种模式的出现，不仅降低了助贷机构的运营成本，还提高了招聘效率，促进了助贷行业的健康发展。

四川晶融汇企业管理咨询服务有限公司、四川金海豚科技有限公司、四川鼎荣普惠科技有限公司、人人享商业运营管理（重庆）有限公司等开展共享办公运行模式，为贷款中介行业提供了重要的办公空间，以门店形式运营，并为入驻的“背包客”或中介公司提供信贷产品的对接服务，具体如表 4-10 所示。

表 4-10 共享办公平台的主要业务模式

合作的金融机构	多家银行及金融机构
与金融机构的合作方式	与平台签订合作协议，与大部分金融机构建立合作关系，与银行支行签订公对公协议，并与消金公司合作
服务客户	助贷机构、小微企业和个人
获客方式	共享办公平台统一招聘信息频道、一站式贴心管家服务吸引创客、聚焦从业人员业务转化、门店形式运营提供信贷产品对接服务
金融服务	降低助贷机构运营成本，提高招聘效率；提供工位、洽谈区、接待、行政、产品培训以及权证等服务；全方位赋能；提供信贷产品对接服务
收费方式	租金收入、银行营销费用和金融机构产品配资、房租收益、业务转化收益、服务费收入以及资方合作收入
服务特色	共享办公模式降低成本，提高招聘效率；一站式贴心管家服务，打造高端办公环境；全方位赋能；共享办公运行模式，提供办公空间和信贷产品对接服务

（二）创新业务模式

随着互联网技术的发展，贷款中介行业开始探索线上服务模式，即通过互联网平台提供在线咨询、贷款申请和审批等服务。创新业务模式主要包括以下几个方面：

线上贷款超市。通过搭建线上平台，聚合多家金融机构的贷款产品，让客户能够在线比较不同产品的利率、额度、期限等要素，选择最适合自己的贷款产品。

大数据风控。利用大数据技术对客户进行信用评估，提高贷款审批的效率和准确性。中介机构可以通过分析客户的消费行为、征信记录等数据，为金融机构提供更精准的贷款决策依据。

智能化服务。借助人工智能技术，实现贷款申请的自动化处理，包括自动填写申请资料、智能推荐贷款产品等，提升客户体验和服务效率。

创新业务模式的优点在于突破地域限制，扩大服务范围，降低运营成本；同时，通过技术手段提高服务效率和客户满意度。然而，这种模式也面临着信息安全、数据保护等方面的挑战。

1. 中锦数柚科技有限公司的业务模式

中锦数柚是一家金融科技线上场景化解决方案提供商，专注于助贷服务，通过搭建线上服务平台，连接金融机构与信贷需求用户，实现金融产品的线上撮合。公司的核心竞争力在于其强大的技术团队、投流团队以及线上运营能力，通过科学的数据加工、策略引用和业务运营，提升金融服务的效率和用户体验。

中锦数柚针对客户不同的需求有针对性地开展业务，如对线上小额信贷客户，主要从事自营放款业务；针对大额信贷客户，引流到第三方合规持牌金融放款机构；对于抵押贷等客户，则引流到线下居间中介机构，如图 4–41 所示。

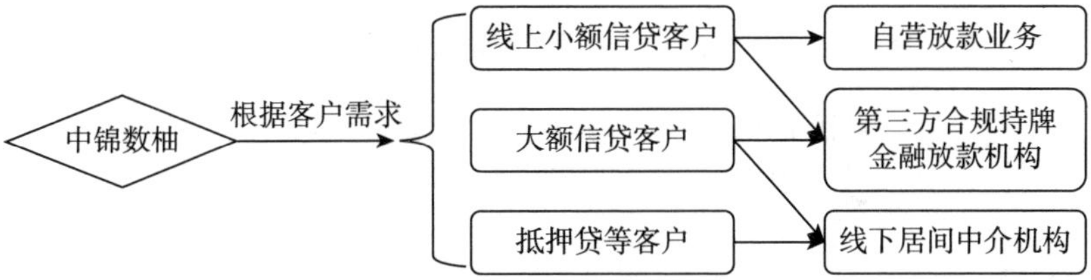

图 4–41　中锦数柚不同需求客户的业务模式

中锦数柚还对不同风险的客户有针对性地开展业务，如对于低风险的优质客户，通常引流到商业银行，可以享受到商业银行低利率的贷款服务；对于中等风险客户，则为其推荐线上小贷产品；对于高风险客户，则由线下顾问进行对接，针对客户的实际情况推荐合适的贷款产品，如图 4–42 所示。

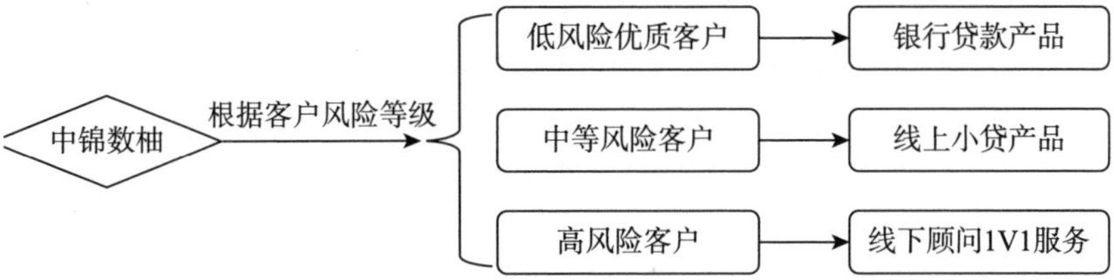

图 4–42　中锦数柚不同风险客户的业务模式

2. 新浪技术（中国）有限公司的业务模式

新浪技术（中国）有限公司（以下简称新浪数科）的前身是2017年成立的新浪金融，作为新浪集团旗下的综合金融服务平台，已发展为涵盖消费金融和财富管理两大业务的综合性机构。旗下拥有微聚未来、得令智选、仓石基金等业务条线，2021年品牌升级为“新浪数科”。

在业务合规方面，新浪数科已获取包括第三方支付、基金代销、消费金融等在内的多种金融牌照。其业务流程依托微博流量获取客户，通过新浪微博客户端的钱包借钱服务实现助贷功能，利用机器模型算法对客户进行初筛和征信，确保风险可控。合作模式上，新浪数科与多家银行、消金公司和小贷公司建立合作关系，通过签署助贷协议实现共赢；在推荐资方时，根据资方和客户要求进行精准匹配。具体如表4–11所示。

表4–11　新浪技术（中国）有限公司的主要业务模式

合作的金融机构	包括十几家银行（城商行如江苏银行、徽商银行等，民营银行如中关村银行等）、部分消金公司、2家小贷公司
与金融机构的合作方式	签署助贷协议，合作模式包括助贷和担保，具体方式因资方而异
服务客户	主要服务个人消费客户
获客方式	通过微博流量客户引流，利用新浪微博客户端App的“钱包借钱服务”进行客户分发筛选
贷款产品	个人消费贷款为主，授信额度最低1千元，最高20万元，平均1万元左右；分期为3、6、9、12期
金融服务	提供客户画像、实名验证、人像识别、行为数据分析、人行信用报告等风控服务
人员规模	新浪金融团队450人左右
业务规模	在贷余额130亿元左右，客户数量130万~140万左右，自营业务资金5亿元左右
收费标准	不直接向用户收费，收费模式包括流量费和担保服务费，流量费按照授信次数收费，范围300元左右
服务特色	利用微博流量和大数据风控优势，提供精准的客户筛选和风险评估服务

3. 58 数科的业务模式

58 数科是 58 同城旗下的金融科技平台，2021 年升级后结合 58 同城的业务场景，满足企业金融服务需求。它依托 58 同城数据资源，通过线上服务平台和线下供应链金融业务（如车商贷、二手置换）提供金融服务，同时开展保险代理业务。58 数科与城商银行、民营银行等合作，收取担保费和服务费。风控方面，通过复杂关联网络和征信公司合作，控制客户共债，坏账率处于行业平均水平。面对金融科技行业回归固收合作的趋势，58 数科注重服务好平台客户，拓展 B 端客户，提供优质技术服务。具体如表 4–12 所示。

表 4–12　58 数科的主要业务模式

合作的金融机构	主要合作对象为城商银行、民营银行、消金公司
与金融机构的合作方式	与合作机构签署助贷协议，提供反欺诈、信用评估、贷后管理等智能风控服务
服务客户	个人消费者为主，30% 有经营属性，70% 消费属性；客群偏向蓝领
获客方式	主要通过 58 同城平台用户需求承接，老客户占比 80%，新客户占比 20%
贷款产品	个人消费贷款为主，平均授信额度 7000～8000 元；供应链金融业务（如车商贷、新能源置换贷）
金融服务	提供反欺诈、信用评估、贷后管理等智能风控服务；通过分布式图数据库构建复杂关联网络
人员规模	数科团队 300 多人，消费金融团队 100 多人
业务规模	业务规模几十亿元，主要服务 58 同城平台项目机构
收费方式	从客户收取担保费占比 50%，从银行收取服务费（按次收费、按金额收费）占比 50%
服务特色	依托 58 同城数据资源，提供精准实时画像，实现流量智能分发、产品精准匹配、实时风险管理

4. 重庆步客科技有限公司的业务模式

重庆步客科技有限公司的步客 365 SaaS 云平台是一个专门为金融经纪人设计的数字化服务平台。该平台通过整合在线公证、智能客服、账户管理、广告推广等多种功能，旨在提升金融经纪人的业务能力和客户获取效率。平台的服务分为精准获客、金融产品库、协议支付和全流程数字化管理四个主要模块，帮助金融经纪人更有效地管理业务流程和客户关系。

步客科技还与多家合作商户合作，提供全面的数字化解决方案，包括合规、流程、资金和风控管理等方面。平台通过收取年度服务费和系统调用费用来盈利，并提供电子签约、客户数据查询、公证业务办理和垫资服务等数字化管理工具。这些服务共同构成了步客 365 SaaS 云平台，为金融经纪人提供了一个全面的、一站式的数字化服务解决方案，以提高他们的业务效率和服务质量。具体如表 4–13 所示。

表 4–13　步客 365 SaaS 云平台概况

平台目标	打造中国领先的金融经纪人科技服务平台
核心价值	合规、获客和效率
合作与资源	与合作商户共同提供合规管理、流程管理、资金管理、风控管理等服务
核心功能	合规管理、产品营销、风控管理、流程管理、数字赋能、资金管理、资产交易、贷后跟踪
服务特色	通过精准获客、产品组合及智能分销到全流程数字化管理，打造助贷金融服务生态闭环，为商户提供全面的服务
收费方式	使用平台收取每年5000元的服务费，并通过 SaaS 软件部署和系统调用收取一定费用

五、盈利模式分析

贷款中介机构的盈利模式主要依赖于服务费用和佣金收入。以下是对收入来源与结构、贷款中介收费模式以及成本构成与控制的详细分析。

（一）收入来源与结构

服务费用。中介机构向客户收取一定的服务费用，用于覆盖其提供的咨询、申请、审批跟进等服务成本。服务费用的多少通常根据贷款金额、服务内容等因素确定。

佣金收入。中介机构与金融机构合作，为其推荐客户并成功放款后，金融机构会支付一定的佣金给中介机构。佣金收入是中介机构的主要收入来源之一。

此外，一些中介机构还通过开展金融培训、广告投放等增值业务来增加收入来源。

（二）贷款中介的收费模式

在面向贷款中介机构开展的问卷调查中，通过客户端收费占比为48%，通过资金端收费占比为4%，通过客户端和资金端两种方式收费占比为44%，通过其他方式收费占比为4%，如图4–43所示。

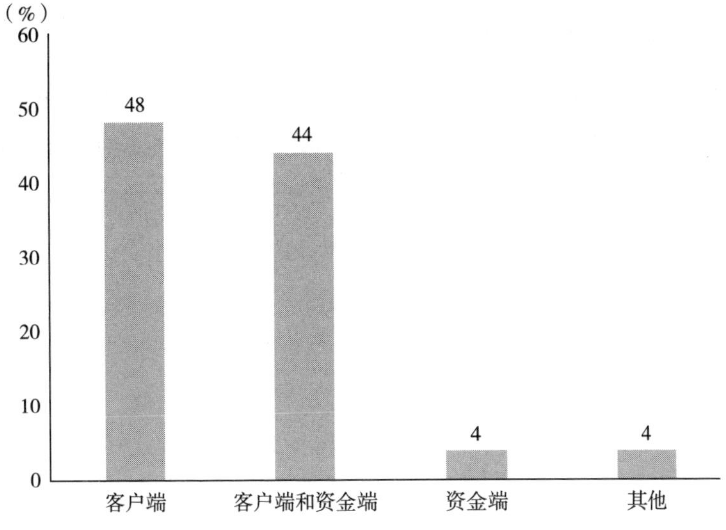

图4–43　贷款中介的收费模式

1. 贷款中介的收费费率

在面向贷款中介机构开展的问卷调查中，贷款中介收费费率在1%~2%的占比为48%，在3%~4%的占比为24%，在5%~6%的占比为16%，在7%及以上的占比为8%，每笔按固定金额收取的占比为4%，如

图 4–44 所示。

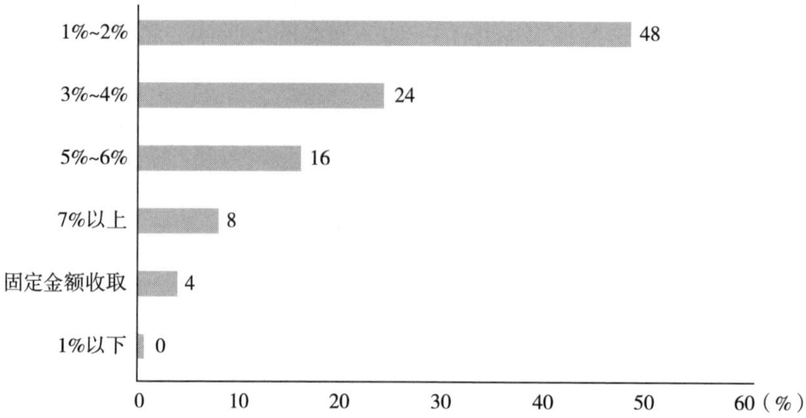

图 4–44 贷款中介的收费费率

2. 贷款中介的收费基数

在面向贷款中介机构开展的问卷调查中，贷款中介的收费基数按贷款金额收费的占比为 80%，按贷款利息收费的占比为 8%，按以上两者都有的占比为 12%，如图 4–45 所示。

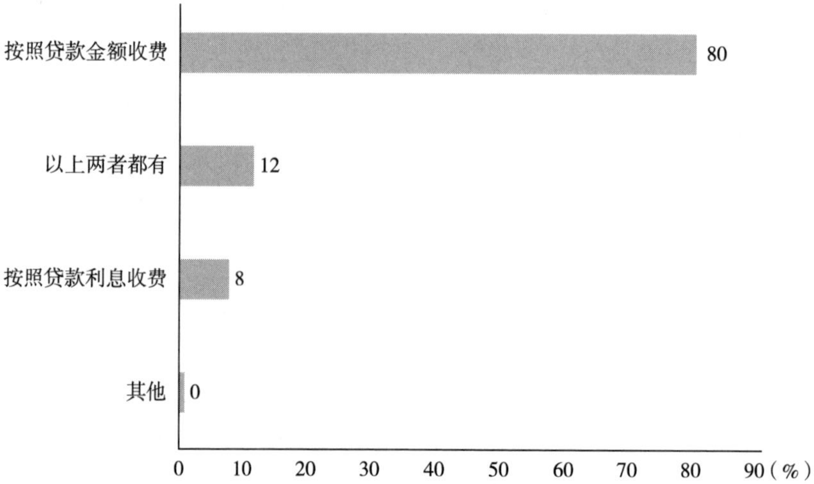

图 4–45 贷款中介的收费基数

（三）成本构成与控制

贷款中介机构的成本主要包括人力成本、运营成本和市场推广费用等。为了有效控制成本，中介机构主要采取以下措施：

提高服务效率。通过优化服务流程、引入智能化技术等手段，提高服务效率，降低人力成本。

精准营销。利用大数据分析客户需求，进行精准的市场推广，提高营销效率，降低市场推广费用。

资源整合。与金融机构建立紧密合作关系，共享资源，降低运营成本。

第五部分　其他国家的贷款中介监管政策

随着全球金融市场的日益融合与发展，贷款中介作为连接借贷双方的重要桥梁，在各国金融体系中扮演着不可忽视的角色。本部分通过比较分析其他国家在贷款中介方面的监管政策，以期为我国贷款中介的健康发展提供借鉴与启示。

一、英国的贷款中介监管政策

（一）英国1974年《消费者信贷法》的相关规定

英国1974年《消费者信贷法》（Consumer Credit Act 1974）在其第10章中，对“辅助信贷业务”进行了详尽的阐述与规定。所谓的辅助信贷业务（Ancillary Credit Business），涵盖了信贷经纪、债务调整、债务咨询、债务催收以及征信业务等多个方面，并对这些概念进行了清晰的界定。

信贷经纪（Credit Brokerage）是指为希望获得信贷或消费者租赁的个人介绍经营信贷业务或出租业务者，或者将他们介绍给其他信贷经纪人。债务调整（Debt-adjusting）是指对于消费信贷协议或消费者租赁协议项下到期的债务，代表债务人或承租人与债权人或业主谈判债务清偿的条款，或接管债务人或承租人清偿债务的义务，以换取债务人或承租人的付款，或其他与清算债务有关的类似活动。债务咨询（Debt-counselling）是指向债务人或承租人提供有关清偿消费信贷协议或消费者租赁协议项下到期债务的建议。债务催收（Debt-collecting）是指采取措施以促使消费信贷协议或消费者租赁协议项下到期的债务得到偿付。征信业务（the Operation of A Credit Reference Agency）是从事向他人提供与个人财务状况有关的信息（由该机构为此目的收集的信息）的业务。

根据英国1974年《消费者信贷法》的规定，任何从事辅助信贷业务的机构必须取得许可（Licensing），并与消费者就信贷经纪、债务调整或债务咨询等相关业务签订明确的协议。没有取得许可的信贷经纪人从事辅助信贷业务将会受到处罚。法律还赋予消费者收回经纪费的权利，如果消费者在信贷经纪人介绍后的六个月内没有签订相关信贷协议，消费者可以收回经纪费；信贷经纪人向消费者个人收取的服务费或佣金中超过1英镑的部分应停止支付。

《消费者信贷法》还对业务推广做出了规定。从事辅助信贷业务的人可以发布广告，但是广告的内容要包含适当的条款和细节，做到公平、合理以及全面，说明提供信贷或消费租赁服务的便利性，以及向消费者收取的费用等。如果广告传达虚假或误导性信息，则广告主可能构成犯罪。另外，法律还规定须在营业场所内推广业务，在营业场所以外拉拢客户从事信贷经纪、债务调整或债务咨询业务是违法的。

关于征信业务，法律要求债权人（贷款人）、业主或谈判代表在收到债务人（借款人）或承租人（租客）就此提出的书面请求后，应在规定的期限内，将债权人、业主或谈判代表在先前的谈判中向其申请了解其财务状况的任何征信机构的名称和地址通知债务人或承租人。该征信机构应消费者的书面请求，应当将机构保存的与消费者有关的档案副本提供给消费者，可以收取25新便士的费用。消费者如果认为其档案中的条目不正确，并且如果不更正很可能会受到损害，可以向该机构发出通知，要求其从档案中删除该条目或对其进行修改。

《消费者信贷法》的一系列规定旨在保护消费者权益，确保市场的公平与透明。

（二）英国金融行为监管局（FCA）的监管规定

1. 制定消费者信贷资料手册

英国金融行为监管局（FCA）精心编制的消费者信贷资料手册（Consumer Credit Sourcebook，CONC）为信贷经纪业务提供了全面的指导与规范。该手册不仅详尽地阐述了信贷经纪人的业务要求，还明确禁止了一系列不当行为，以确保市场的公平与透明。同时，CONC 对信贷经纪人的财务促销活动也做出了严格规定，并强调了信贷经纪人在客户签订信贷协议前必须履行的合同前要求，从而倡导信贷经纪人秉持负责任的态度开展业务。此外，CONC 还进一步规定了贷款人对信贷经纪人的监督职责，要求贷款人必须采取有效措施确保其员工、代理人以及代表其行事的其他人严格遵守 CONC 的规定。这一系列举措旨在保护消费者权益，促进信贷市场的健康发展。

（1）信贷经纪人的业务要求

CONC 规定，要求信贷经纪人（信贷经纪人是指从事信贷经纪业务的机构或公司，以下简称公司）开展业务时必须做到：

1）在其有责任这样做的情况下，解释受监管的信贷协议的主要特征，以使客户能够据此做出明智的选择。

2）采取合理步骤，以确保其希望向客户推荐的产品并非不适合客户的需要和情况。

3）建议客户在订立信贷协议或消费者租赁协议前，先阅读该协议的条款及条件，并让客户有足够机会考虑该协议。

4）在将客户转介绍给从事受监管的第三方或索赔管理服务或其他服务之前，在向该第三方解释为什么要向其披露客户的详细信息之后，获得客户的同意。

5）在就信贷协议或消费者租赁协议向贷款人或业主介绍客户之前，或在代表贷款人或业主订立协议之前，披露（如有该情况）该贷款人或业主与该公司是同一集团的成员而与该公司有联系的事实。

6）提醒客户注意公司如何以适合所使用的通信手段的方式使用其收集的客户个人资料。

7）向客户提供明确而简单的方法，以取消其对处理其个人资料的同意。

8）应客户要求，披露从何处取得客户的个人资料。

9）采取合理步骤，不将客户的个人资料传递给从事与信贷有关的受监管活动而没有获得许可的业务。

（2）信贷经纪人的禁止行为

CONC 规定，要求信贷经纪人开展业务时不得有下列不公平的商业行为：

1）向根据《2003 年隐私和电子通信（欧盟指令）条例》第 25 条或第 26 条保存的登记册上的号码，或向已通知该公司不要拨打电话的客户号码，发出或致使被发出未经许可的电话（CONC 同时规定了例外情况，此处略）。

2）在公司收到客户停止致电、停止发送电子邮件的要求后，仍然以营销为目的，利用自动致电系统致电客户，或向客户发送或让他人发送电子邮件。

3）在已知或可能对客户造成不便或在客户特别不希望的时间拜访客户。

4）在客户要求下拒绝结束对客户的拜访或离开客户的家。

5）不公平地要求、建议或指示客户使用 Premium Rate Number（一种特殊的电话号码，可能会产生较高的费用）进行联系。

6）与在不合理期间拨打 Premium Rate Number 的客户进行电话通话。

7）不恰当地向客户提供财务或其他激励或引诱，使其立即或迅速签订信贷协议或消费者租赁协议。

8）明知客户不符合贷款或租赁条件，仍然向贷款人或业主或另一信贷经纪人进行介绍。

9）在明知客户只能获得较低贷款额度的情况下，仍然告知客户将全数满足其信贷申请。

10）为客户取得比要求更多的贷款，或者以高于客户要求的利率为客户提供贷款，而这样做的目的是为了（或合理地推断是为了）公司或代表公司的人的个人利益，而不是为了客户的最大利益。

11）优先考虑某一特定贷款人的信贷产品，而这样做的目的是为了（或合理地推断是为了）公司或代表公司的人的个人利益，而不是为了客户的最大利益。

12）关于与信贷协议或消费者租赁协议相关的保险产品或服务（尤其包括支付保障产品）或其他产品或服务（无论该产品或服务是可选的还是作为信贷协议或消费者租赁协议的条件所必需的），不得有下列行为：

a. 迫使顾客购买产品或服务；

b. 为客户购买产品或服务提供不当激励；

c. 劝阻或阻止客户从其他来源寻求或获得产品或服务；

13）鼓励客户订立有担保的信贷协议，以取代无担保的信贷协议，或在公司知道或合理地应该知道这不符合客户最大利益的情况下合并其他债务。

14）不公平地鼓励客户增加、合并现有债务或再融资，以致客户无法持续根据协议偿还债务。

15）鼓励客户申请额外信贷或延长现有信贷协议的期限，如果这样做会损害或合理可能损害客户。

16）向客户（直接或间接）介绍提供不同类型信贷或租赁的贷款人或业主，向客户收取费用：

a. 向客户承诺的；

b. 由公司向客户推广；

c. 该公司知道客户正在寻求的信息；

除非客户在公司解释了收费的原因后，同意这样的介绍；

17）在未经客户明确授权的情况下，从客户的支付账户中收取费用（支付账户是指用于执行支付交易的账户）。

18）在解释披露资料的原因后，未经客户同意而不公平地将客户的个人资料传递给第三方。

（3）信贷经纪人的财务促销规定

信贷经纪人可以开展与信贷经纪业务有关的财务促销活动，但是必须遵守如下规定：

1）在促销宣传文件中，公司必须表明其权利的范围，特别是它是与一家贷方独家合作，还是与多家贷方独立合作。

2）在普通客户能够理解的范围内，明确公司所提供服务的性质，以显著的方式向客户表明公司与贷方之间存在的任何佣金安排及其性质。

3）如果与信贷产品相关的任何佣金、费用或其他报酬金额发生变化，则公司应进行披露，包括：

a. 公司可就两种或两种以上不同的信贷产品赚取佣金、费用或其他报酬；

b. 客户可能有资格获得其中两种或两种以上的信贷产品；

c. 公司正在推广或推荐的信贷产品是上述信贷产品之一；

d. 支付给公司的佣金、费用或其他报酬因客户所选择的信贷产品而异。

4）要求所有财务促销活动都要注明公司在金融服务登记册上的法定名称，而不仅仅是一个商业名称。

5）是信贷经纪人而非出借人的公司必须确保其任何财务宣传都能显著表明该公司是信贷经纪人而非出借人。

6）既是信贷经纪人又是贷方的公司，必须确保任何仅宣传其作为信贷经纪人服务的财务促销活动，都要明确说明该财务促销活动是在宣传该公司作为信贷经纪人的服务，而不是作为贷方的服务。

（4）对信贷经纪人的合同前要求

经营信贷经纪业务的公司，在客户签订信贷协议之前必须做到：

1）必须向客户披露客户就其服务应向其支付的费用（如有的话）。

向客户披露是指公司已以书面或其他耐用介质向客户发送了一份通

知，以清晰、简洁和通俗的语言列出以下内容：

a. 该公司在金融服务登记册内的法定名称；

b. 如该公司不是放款人，则须提供一份声明，说明该公司是信贷经纪人而不是放款人；

c. 如该公司亦为放款人，则须提供一份声明，说明该公司是作为信贷经纪人而不是作为放款人行事；

d. 声明客户将或可能必须就公司的服务支付费用；

e. 费用的金额，或费用的计算依据（如该金额在发出通知时无法确定）；

f. 公司将于何时及以何种方式发起或收取费用。

公司向客户发出通知后，必须收到客户对信息通知的书面或其他持久介质的回复，其中客户承认收到了信息通知并确认他知道其内容。

2）客户向公司支付的任何费用必须由客户与公司达成协议，而该协议必须在订立受监管的信贷协议前以书面或其他持久媒介记录。

3）公司必须向贷款人披露客户就其业务应支付的费用（如有的话），以便贷款人能够计算信贷协议的年收费百分比。

4）公司必须向客户披露其服务费用的支付方式及时间，以及在何种情况下可获得退款，包括根据《商业惯例法》第155条可获得退款的方式及时间。

（5）对信贷经纪人的佣金规定

1）如果佣金、费用或其他报酬的存在或金额实际上或潜在可能影响信贷经纪人推荐信贷协议或消费者租赁协议的公正性，或者对客户订立信贷协议或消费者租赁协议的交易决定产生重大影响，信贷经纪人必须在订立信贷协议或消费者租用协议前，及时向客户显著披露贷款人、业主或第三方支付给信贷经纪人的任何佣金、费用或其他报酬的存在及其性质。

2）在信贷经纪人被要求披露任何佣金、费用或其他报酬的存在和性质的情况下，它还必须同时同等显著地向客户披露，该佣金、费用或其他报酬的存在和性质可能如何影响客户根据相关信贷协议或消费者租赁协议应付的金额。

3）如果任何佣金、费用或其他报酬的金额因支付佣金、费用或其他报酬的安排或协议中规定的因素而发生变化，在以下情况下信贷经纪人应进行披露：

a. 公司就两项或以上不同的信贷协议或消费者租赁协议赚取佣金、费用或其他报酬；

b. 客户可能有资格获得其中两个或两个以上的协议；

c. 公司所推荐的信贷协议或消费者租赁协议是其中一项协议；

d. 放贷人支付给公司的佣金、费用或其他报酬根据客户所订立的信贷协议或消费者租赁协议而定。

（6）做负责任的信贷经纪人

公司在做出解释、提供意见或提出建议时，必须充分考虑顾客的需要和情况。必须适当考虑客户对信贷产品是否可负担，以及公司是否知道或合理地应该知道任何可能使该产品不适合该客户的因素。

2. 对汽车金融的经纪业务开展专项调查

英国汽车金融行业为消费信贷的增长做出了贡献，新车和二手车汽车金融协议的数量从 2008 年的约 120 万份增长到 2017 年的约 230 万份。2017 年，新的金融合同占私人新车注册量的 88%，高于 2008 年的 59%。个人合同购买（PCP）协议变得特别普遍，占 2017 年新车和二手车金融贷款价值的 66% 左右（高于 2008 年的 34% 左右）。

英国金融行为监管局（FCA）在 2017 年至 2018 年期间，针对汽车金融的经纪业务进行了深入且细致的专项调查。经过两年的努力，该机构于 2018 年 3 月和 2019 年 3 月相继公布了阶段性和最终的调查成果。调查揭示了一个重要问题：在贷款人与汽车经销商（即汽车金融经纪人）采用的 DiC（Different in Charges）佣金模式下，由于佣金与贷款利率直接相关，经销商获得的佣金会随着向消费者收取的利率上升而增加。这种模式实际上可能鼓励经销商以更高的利率为消费者安排汽车融资，从而获取更多利益。为了解决这个问题，FCA 建议采用固定费率佣金模式，明确禁止 DiC

佣金模式的使用，并严格限制经纪人在设定利率时的自由裁量权。这些措施旨在保护消费者权益，确保汽车金融市场的公平和透明。

（1）2018 年 3 月的阶段性调查结果

英国金融行为监管局（FCA）对单独监管的 16 家最大的汽车金融贷款机构进行了调查，这些公司占整个市场份额的 52%（最有可能对市场运作构成重大风险）。调查发现，这些公司的资产估值和风险管理流程是稳健的，充分管理了二手车价值可能严重下跌带来的审慎风险。压力测试显示，汽车残值下降的财务影响不会对它们的整体财务稳健性产生重大影响。

英国金融行为监管局（FCA）对客户的征信机构（CRA）文件进行调查，从每家征信机构抽取了 2011 年至 2016 年间 10% 的汽车金融合同档案作为代表性样本，使用信用评分作为信用风险的指标。调查发现，汽车金融的增长对信用风险较低的消费者影响最为强劲，这些消费者不太可能面临还款困难的情况。尽管信贷和宏观经济条件相对良好，欠款和违约率总体上保持在较低水平，但有所增加，特别是信用风险较高的消费者（信用评分较低）。

英国金融行为监管局（FCA）调查了 2013 年至 2016 年间一些最大的贷款机构（约占汽车金融市场的 45%）与其顶级汽车经销商（作为汽车金融经纪人）之间的协议。调查发现，存在四种主要的佣金结构——利率上调（增加 DiC）、利率下调（减少 DiC）、比例佣金和固定费用佣金。在增加 DiC 和减少 DiC 佣金结构中，因为经销商佣金随着向消费者收取的利率而增加，可能会激励经销商以更高的利率安排汽车融资。如果没有适当的系统和控制，这可能会对消费者造成伤害。其他佣金结构与利率的联系较弱，或者根本没有联系。与特许经销商相比，独立经销商的协议通常在经销商佣金和消费者利率之间提供更强的联系。

英国金融行为监管局（FCA）对一些贷款机构和经销商的网站进行了抽样调查。调查发现向客户提供的信息是清晰和一致的，但是有的信息不够突出或不容易理解，可能不符合监管要求，将通过神秘购物活动进行进一步调查。

（2）2019 年 3 月的最终调查结果

1）佣金安排

汽车金融中佣金安排的运作方式可能会对消费者造成潜在的重大伤害。一些客户为汽车融资支付的费用要高得多，因为贷款机构选择向经纪人支付报酬的方式不同。增加 DiC 和减少 DiC 佣金模式将经纪人佣金与客户利率挂钩，并允许经纪人在设定利率方面有广泛的自由裁量权。这就产生了利益冲突，并为经纪人收取更高的利率创造了强烈的动机。即使在控制了可能影响利息成本的其他因素（如客户的信用评分、贷款价值或协议期限）之后，这些激励措施对消费者的汽车金融成本也有显著影响。

在对汽车金融公司（约占市场的 60%）分析中得知，与固定费率佣金模式相比，允许经纪人自由决定利率的佣金模式——增加 DiC 和减少 DiC 佣金模式，每年可能会使客户多花费 3 亿英镑。例如在一份典型的 10000 英镑的汽车金融协议中，减少 DiC 模式下更高的经纪人佣金可能导致客户在协议的四年期限内多支付约 1100 英镑的利息费用。接下来要评估并选择干预政策，如禁止 DiC 和类似的佣金模式，或限制经纪人的自由裁量权。

2）充分、及时、透明的信息

英国金融行为监管局（FCA）的神秘购物结果引发了许多与合同前披露和解释有关的担忧，对经纪人的合规表现感到不满意，将与个别公司跟进。在提供披露或解释的情况下，这些披露或解释并不总是完整、清晰或易于理解的。因此，客户可能无法获得足够的信息和解释来做出明智的决定。经纪人对于佣金的披露（特别是在 DiC 和类似佣金模式方面），没有看到经纪人遵守这些要求的明确证据。

贷款人在这方面也有义务。特别是，CONC 1.2.2R 要求贷方采取合理步骤，确保代表其行事的人遵守 CONC，这包括遵守与披露佣金有关的规则。然而，一些贷款人可能过度依赖合同要求和提供标准文件和程序，可能没有足够密切地监督经纪人或在发现问题时采取行动。一些贷款机构似乎认为经纪商获得 FCA 授权就足够了，因为可以假设他们将遵守 FCA 的规则（因为 FCA 将监督合规情况）。

3）负担能力评估

英国金融行为监管局（FCA）对贷款人都遵守 FCA 关于评估信誉的规定（包括客户的负担能力）并不满意，有些机构似乎过分关注借款人的信用风险，而不是借款人的负担能力，而且所提供的信息存在缺口或异常。

（三）行业自律管理

英国不仅依靠法律和金融行为监管局的监管，还充分利用行业自律组织来强化贷款中介的自我约束与行为规范。这些行业自律组织的存在和有效运作，为英国信贷经纪市场的健康稳定发展提供了重要支撑。

1. 英国抵押贷款中介机构协会（AMI）

英国抵押贷款中介机构协会（AMI）作为该领域的权威组织，致力于捍卫英国抵押贷款中介机构的权益，并为会员单位提供宝贵的监管建议、专业的抵押贷款指导、行业标准的制定、行业资讯的发布，以及积极向监管机构和政府部门建言献策。

2. 英国金融与租赁协会（FLA）

英国金融与租赁协会（Finance & Leasing Association，FLA）是英国汽车金融行业的领先贸易协会。2022 年，协会会员提供 510 亿英镑的新资金帮助家庭和企业购买汽车。英国 84% 的私人新车都是由 FLA 会员资助的。截至 2024 年 2 月 17 日，金融与租赁协会汽车金融部门的会员金融公司共有 99 家，包括优势金融有限公司、卓力能汽车有限公司等。

英国金融与租赁协会（FLA）也制定了详尽的中介人监督最佳实务指引（Best Practice Guidance on Intermediary Oversight），详细阐述了贷款人可能实施的监督流程，涵盖选择合适的中介公司、行为的管理与监督、中介报酬等多个方面，以确保贷款人能够切实履行对经纪人的监督职责，以履行 CONC 1.2.2R 规定的贷方义务（CONC　1.2.2R：贷方必须确保其员工和代理人遵守 CONC，并采取合理步骤，确保代表其行事的其他人遵守

CONC）。

（1）物色合适的中介公司

FLA 会员在确定和引入合适的中介人公司时，从以下方面开展“尽职调查”，包括考虑产品范围及分销、建议对中介人进行初始检查、明确中介人的权限要求、确认贷款人对中介人期望、委任中介公司加入贷款委员会。

（2）行为管理和监督

一旦贷款人确定并聘请了中介人，CONC 1.2.2R 要求贷款人采取“合理”措施，确保中介人在代表贷款人行事时遵守 CONC。实现这些过程的一种方法是使用基于“评估、查证、行动”模型的系统和控制，贷款人也可以通过雇用独立的第三方审计师对中介人进行管理和监督。

（3）对弱势客户的额外支持

一些贷款机构选择培训一批弱势客户的经销商服务代理（“弱势客户热线”），从而在识别和支持弱势客户方面提供额外的支持。

（4）中介报酬

贷款人应确保对中介佣金的系统和控制措施进行有效的治理和监督，使新出现的风险能够得到识别和缓解，并在必要时对政策进行审查。强烈建议贷款人停止提供 DiC 和类似的佣金安排，这些安排会导致对消费者的不利影响。

二、美国的贷款中介监管政策

（一）美国的《抵押贷款许可安全和公平执行法案》的相关规定

美国的《抵押贷款许可安全和公平执行法案》（Secure and Fair Enforcement for Mortgage Licensing Act，SAFE ACT）是美国国会于 2008 年 7 月 30 日通过的一项重要法案，旨在加强对抵押贷款行业的监管，确保抵押贷款活动的安全和公平，保护消费者免受不良贷款行为的侵害。该法案是在美国次贷危机爆发后，为应对金融市场的动荡和消费者保护需求而制定的。

美国的 SAFE ACT 对抵押贷款发起人设定了严格标准。抵押贷款发起人（Mortgage Loan Originator，MLO）是指接受住房抵押贷款申请、提出或协商住房抵押贷款条款以获得补偿或收益的个人。此处的抵押贷款发起人是一个广义的概念，它涵盖了所有参与抵押贷款发放过程的个人，无论是直接为借款人提供贷款的金融机构的员工，还是作为中间人协助借款人和贷款机构之间交易的贷款经纪人。根据 SAFE ACT 的规定，所有参与贷款发放的个人（MLOs），包括金融机构员工和贷款经纪人，都必须完成注册、许可及教育培训，以确保他们具备从事抵押贷款业务所需的专业知识和道德标准。

美国 SAFE ACT 要求，对住房抵押贷款发起人（MLOs）实行全国性的许可和登记制度。对于金融机构的员工，要求在联邦监管机构注册；对于贷款经纪人，要求在相应的州级监管机构进行注册，并获得经营许可。无论是联邦注册，还是州许可和注册，都通过相同的在线注册系统，即国家抵押贷款许可和注册系统（Registry，或 NMLS 系统 ）来完成。注册成功后，将获得一个唯一的标识符（NMLS number），能够永久标识 MLO 的身份，既方便监管当局进行电子追踪，也方便社会公众公开查询。这一规定确保了只有满足一定资质和合规性要求的贷款经纪人才能进入市场。

1. 成为抵押贷款发起人（MLO）的步骤

如何成为一名抵押贷款发起人（MLO）？美国各州的规定都大同小异，以加利福尼亚州为例，MLO 通常需要具备至少高中学历。对于更高级别的职位，如资深贷款顾问等，一些雇主可能要求具备大学学士学位，尤其是与金融、经济或商业相关的学士学位。具体来说，要成为一名加州的贷款发起人（MLO），需要经过以下六个步骤：

（1）申请 NMLS 账户

第一步，先在国家抵押贷款许可和注册系统网站上创建一个 NMLS 账户。创建账户后，申请人将收到一个个人 NMLS 号码。

（2）完成 NMLS 批准的执照前教育

在加利福尼亚州，为了满足教育要求，必须完成 20 个小时的课程。加利福尼亚州有两个 NMLS 许可机构，它们要求的执照前教育稍有不同，如表 5-1 所示。

表 5-1　不同许可机构要求的执照前教育

金融保护与创新部（DFPI）	房地产部（DRE）
3 小时的联邦法律 3 小时的道德操守 2 小时的非传统抵押贷款 10 小时选修课 2 小时的加利福尼亚州特别教育	3 小时的联邦法律 3 小时的道德操守 2 小时的非传统抵押贷款 12 小时选修课

（3）通过 MLO 测试

MLO 测试可通过访问 NMLS 网站进行安排，申请者可使用现有账号来参加考试。考试共有 115 道题，考试时间 3 小时 10 分钟，考生必须至少正确回答 75% 才能通过测试。

（4）完成州和联邦调查局的犯罪背景调查

申请人需要登录 NMLS 账户，单击“犯罪背景调查”选项，通过填写字段并单击“证明”来授权联邦调查局进行犯罪背景调查。然后，申请人预约提交指纹，可以通过单击“现场打印”按钮来安排指纹预约。

（5）完成 NMLS 申请

申请人通过 NMLS 网站提交许可申请。根据 SAFE ACT 的规定，申请人需要提交以下材料：

1）个人信息，包括姓名、家庭住址、社会保险号、性别、出生日期和主要工作地点。

2）过去 10 年与金融服务相关的工作经历。

3）披露针对自己的特定刑事、民事，司法或州、联邦或外国金融机构监管机构的行动。

此外，申请时必须提交个人信用报告。

（6）获得雇主的雇用

在 NMLS 系统对申请人的雇用情况进行验证之前，MLO 执照将一直处于待定状态。申请人访问“表格归档主页”，单击“公司访问”，根据提示提交就业详细信息。雇主对收到的验证请求通知进行批准，其后申请人将获得正式许可。

2. 对抵押贷款发起人（MLO）的监管

（1）持续注册要求

SAFE ACT 规定，MLO 需要在每年的 11 月 1 日至 12 月 31 日更新一次注册记录，通过确认和更新其注册记录进行续期。

（2）业务行为规范

MLO 在为客户提供服务时，必须遵守公平、透明和非歧视的原则，必须充分披露贷款产品的所有相关费用、利率和风险，确保客户能够做出明智的决策。

MLO 不得从事任何欺诈、误导或不公平的业务行为，包括但不限于提供虚假信息、隐瞒重要事实或操纵贷款条件等。

（3）监督与执法

监管机构有权对 MLO 的业务活动进行定期或不定期的检查和审计，以确保其合规性。若发现任何违规行为，监管机构可以采取一系列处罚措施，包括罚款、吊销执照甚至刑事起诉等。

（4）消费者权益保护与救济

SAFE ACT 强化了对消费者的保护措施，要求金融机构和贷款经纪建立有效的投诉处理机制，及时响应和解决消费者的投诉和纠纷。若消费者因经纪人的违规行为而遭受损失，有权通过法律途径寻求赔偿和救济。

（二）美国各州对贷款经纪人许可的规定

Pahl（2007 年）系统梳理了 1996—2006 年美国 50 个州及哥伦比亚特

区针对抵押贷款经纪人的法律规范。他指出，经纪公司需满足多项许可条件：公司实际控制人必须满足最低年龄限制，并确保在所在州内有固定住所，还需达到专业执照预先许可所涉及的教育背景、行业经验或考试成绩的最低标准，同时，提供道德品质及无犯罪记录的证明，并完成规定的继续教育。此外，公司可能需要指派管理委托人，该人也须符合相应要求。公司还需要维持一定的最低净资产或担保债券，以及满足关于实体办公场所的最低标准。

（三）行业自律管理

美国贷款经纪人协会（NAMB）作为美国贷款经纪人的权威专业协会，不仅致力于为其会员提供全方位的教育、资源和专业支持，更在提升行业整体声誉和消费者保护方面发挥着积极作用。协会对会员的道德规范提出明确要求，必须恪守诚实正直的原则、展现专业的行为举止、确保广告宣传的真实可信、严格维护信息的保密性、始终遵守法律法规、对佣金收入进行透明披露。这些规范共同构成了协会对会员行为的基本准则，以维护行业的良好形象和公众的信任。

三、澳大利亚的贷款中介监管政策

在澳大利亚，人们普遍认为，在当今的贷款市场中，借款人面临着各种不同复杂程度的选择。无论是为小企业融资购买设备，还是获得抵押贷款购买房屋，单靠个人很难找到合适的贷款。因此，消费者越来越倾向于向金融经纪人寻求信息和专业知识，以帮助他们理解获得贷款的复杂性，并帮助他们申请贷款。根据澳大利亚抵押贷款与金融协会（The Mortgage & Finance Association of Australia，MFAA）行业情报服务（IIS）报告第 9 版（2019 年 4 月至 9 月）的统计显示，在澳大利亚所有新的住宅房屋贷款中，金融经纪人负责结算的贷款约占 70%。

（一）澳大利亚金融经纪人概述

1. 澳大利亚金融经纪人提供的服务

金融经纪人可以为客户提供从最初的客户面谈到贷款申请、再到结算（发放）的个性化的端到端服务。首先，金融经纪人帮助客户了解贷款选择，并帮助他们完成申请流程。在贷款期限内以及贷款期限结束后金融经纪人也经常与客户保持联络。金融经纪人提供的服务如表 5-2 所示。

表 5-2　金融经纪人提供的服务

与贷款申请相关的服务	其他服务
1. 结识新客户并评估其财务状况、环境、需求和目标	11. 帮助客户找到其他服务提供商，如会计师、产权转让律师 / 过户代理人和财务规划师
2. 帮助客户收集财务信息以进行评估	12. 帮助客户推荐投保保险产品，如财产保险、人寿保险和收入保障保险
3. 向客户介绍一系列贷款机构及其住房贷款产品	13. 教授金融知识
4. 向客户介绍并帮助他们理解这些住房贷款产品的条款和条件	14. 了解并评估他们的业务需求
5. 告知客户获得住房贷款对其财务状况可能产生的影响	
6. 确保贷款申请材料齐全	
7. 提交贷款申请	
8. 与贷款人协调，规划客户的贷款申请流程	
9. 向客户提交贷款文件，解释合同细节和含义，并获得贷款签署	
10. 与客户的其他服务提供商合作 / 接触，如房地产经纪人、律师或过户代理人、会计师和财务规划师	

金融经纪人在消费者和澳大利亚经济中都发挥着重要作用，他们推动

竞争，增加信贷机会，为消费者提供更多选择，同时还在消费者生活中经常感到压力的时期为他们提供帮助。

2. 澳大利亚金融经纪人的佣金收入

根据澳大利亚抵押贷款与金融协会（The Mortgage & Finance Association of Australia，MFAA）行业情报服务（IIS）报告第 9 版（2019 年 4 月至 9 月）的研究表明，主要从事住房贷款或抵押贷款业务的独立金融经纪人平均每年收入为 131402 美元，包括 67650 美元的前期佣金和 63752 美元的追踪佣金，该收入是基于经纪人每六个月提交大约 15 份住房贷款申请。各州住房市场不同，导致住房贷款的价值和数量不同，因此各州的平均薪资也有所不同。

前期佣金由贷款人支付给金融经纪人，通常是通过整合商（或特许经营集团，详见后文）在贷款结算（发放）时支付。在结算（发放）后的一段时间内，通常是在客户保持抵押贷款的期间内，金融经纪人会收到贷款人通过其整合商支付的每月付款，称为追踪佣金。

一旦贷款结清（发放），贷款人通过整合商支付前期佣金可能需要长达两个月的时间。另外，从客户首次联系到贷款结清（发放），可能需要一两个月的时间。实际上，作为一名独立运营的新入行金融经纪人，可能会在前六个月没有收入，在第一年甚至低于最低工资水平。

3. 澳大利亚金融经纪人的成长路线图

在澳大利亚，要成为一名被认可的金融经纪人，成长路线图如图 5-1 所示。

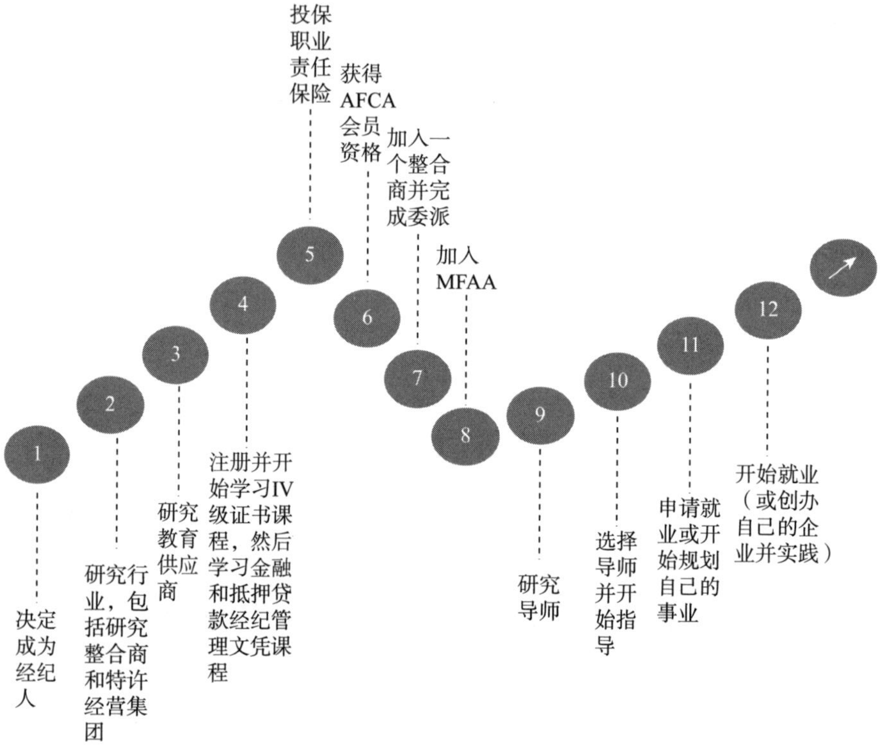

图 5-1　澳大利亚金融经纪人的成长路线图

（二）澳大利亚的贷款中介监管政策

澳大利亚的贷款中介监管政策相当完善。法律对贷款中介的行为有明确规定，保障市场透明公平。权威监管机构澳大利亚证券和投资委员会（ASIC）则负责贷款中介的注册管理，制定严密规则保护消费者权益。同时，行业自律组织也强化贷款中介的自我管理，共同推动市场健康发展。

1. 澳大利亚 2009 年《消费者信贷保护法案》的相关规定

2009 年澳大利亚《消费者信贷保护法案》（National Consumer Credit Protection Act 2009）对信贷代表、抵押贷款经纪人和抵押贷款中介机构的行为进行了明确规范。该法案要求信贷代表必须持有相关牌照，并向消费者提供详尽的书面信贷指南，其中包括费用明细及纠纷解决程序。对于抵押贷款经纪人和中介机构，法案强调了他们在提供信贷服务时应始终遵循消费者的最大利益原则。在存在利益冲突的情况下，他们必须优先为消费者提供与信贷合同直接相关的辅助服务。此外，法案还严格禁止抵押经纪人和中介机构接受任何可能导致利益冲突的报酬。同时，雇主、贷款人和抵押中介机构也不得向他们提供可能引发利益冲突的报酬，以确保金融市场的公平性和透明度。

（1）对信贷合同提供信贷协助的持牌人（被许可人）的规定

澳大利亚2009年《消费者信贷保护法案》第3章“负责任的借贷行为”第一部分（3–1）对“信贷合同提供信贷协助的持牌人（被许可人）”进行了规定，旨在保护消费者的合法权益，并防止他们陷入不合适的信贷合同。

持牌人可提供的信贷协助包括：①建议消费者或协助消费者向特定信贷提供者申请特定信贷合同；②建议消费者或协助消费者向特定信贷提供者申请提高特定信贷合同的信贷限额；③建议消费者继续与特定信贷提供者签订特定的信贷合同。

1）要求持牌人向消费者提供信贷指南

根据法案第113条的规定，信贷指南载有关于持牌人和持牌人在本法案下的一些义务的信息，必须采用书面形式以及法案规定的格式和方式，包含以下内容：

a. 持牌人的姓名、联系方式、澳洲信贷牌照号码。

b. 消费者就持牌人的信贷协助而须向持牌人支付的专业服务费用和任何其他费用，以及费用数额的计算方法。

c. 信贷提供者的名称。

如果持牌人与之开展业务的信贷提供者为6家或者少于6家，则应提供所有信贷提供者的名称；如果持牌人与之开展业务的信贷提供者超过6家，则应提供持牌人有理由认为与之开展业务最多的6家信贷提供者的名称。

d. 持牌人或持牌人的雇员、董事或信贷代表直接或间接从信贷提供者收取的任何间接酬金，包括对间接酬金数额或范围的合理估计，以及该数额的计算方法。

e. 持牌人与消费者之间解决纠纷的程序，包括持牌人解决内部纠纷的程序，以及澳大利亚金融投诉管理局（AFCA）体系。消费者可以获得详细的联系方式。

如果持牌人不遵守以上规定，则构成严格法律责任罪，将处以 50 个处罚单位的刑事处罚。

2）要求持牌人在向消费者提供信贷协助前必须提供报价

根据法案第 114 条的规定，在持牌人向消费者做出报价、消费者在报价单上签字接受、持牌人已向消费者提供已接受报价的副本之前，持牌人不能提供信贷协助。如果违反以上规定，将处以 5000 个罚款单位的民事罚款。

持牌人向消费者提供的报价单必须采用书面形式和法案规定的方式，包括以下内容：

a. 有关报价所涵盖的信贷协助及其他服务的信息。

b. 消费者就持牌人的信贷协助及其他服务而须向持牌人支付的最高金额。

c. 有关该金额的具体信息，包括：持牌人提供信贷协助和其他服务所收取的专业服务费用的最高金额、任何其他费用的最高金额、持牌人代表消费者向另一人支付的专业服务费用或任何其他费用的最高金额。

d. 说明如果没有签订信贷合同或信贷限额并无增加，消费者是否向持牌人支付最高金额或任何其他金额。

e. 法案规定的其他内容。

法案第 114 条还规定，持牌人不得要求消费者支付超过报价中规定的最高金额款项；持牌人在提供信贷协助前，不得要求消费者付款；持牌人不得就土地提出或威胁提出警告，以诱使消费者向持牌人支付信贷协助或其他服务费用。如果违反以上事项，将处以 5000 个罚款单位的民事罚款。

3）持牌人提供信贷协助之前的义务

法案第 115 条、第 116 条要求持牌人在就信贷合同向消费者提供信贷协助前 90 天内，须对该合同是否适合消费者作出初步评估。为此，持牌人必须对消费者的要求、目标和财务状况进行查询和核实。如有要求，持牌人必须向消费者提供一份评估报告。

根据法案第 117 条的规定，采用以下步骤对消费者开展初步评估：

a. 合理询问消费者对信贷合同的要求和目标。

b. 合理询问消费者的财务状况。

c. 采取合理步骤核实消费者的财务状况。持牌人在核实消费者的财务状况时，必须获取并考虑至少前 90 天内有关该账户每笔交易和账户余额的信息。

d. 就法案规定的任何事项进行法案规定的任何查询。

e. 采取法案规定的任何步骤，以核实法案规定的任何事项。

根据法案第 118 条的规定，持牌人对消费者进行初步评估时，如果出现以下情况，则该信贷合同不适合消费者：

a. 消费者将无法履行合同规定的财务义务，或只能在非常困难的情况下履行合同义务。除非有相反的证据，如果消费者只能通过出售其主要居住地来履行其在合同项下的财务义务，则可以推定消费者只能在非常困难的情况下履行这些义务。

b. 合同不符合消费者的要求或目标。

c. 如果法案规定了信贷合同不适合的情况，这些情况将适用于该合同。

根据法案第 119 条的规定，持牌人对消费者进行初步评估时，如果出现以下情况，则继续签订信贷合同将不适合消费者：

a. 如果消费者在初步评估所涵盖的期限内继续签订合同，则消费者将无法履行合同规定的财务义务，或只能在非常困难的情况下履行合同。除非有相反的证据，如果消费者只能通过出售其主要居住地来履行其在合同项下的财务义务，则可以推定消费者只能在非常困难的情况下履行这些义务。

b. 如果消费者在初步评估所涵盖的期限内继续签订合同，合同将无法满足消费者的要求或目标。

c. 如果消费者在初步评估所涵盖的期限内继续签订合同，法案规定了信贷合同不适合的情况，这些情况将适用于该合同。

根据法案第 120 条的规定，如果消费者在持牌人作出信贷协助报价之日起 7 年内要求持牌人提供初步评估的副本，则持牌人必须向消费者提供评估的书面副本；如果请求是在报价后 2 年内提出的，则持牌人须在收到请求之日起 7 个工作日结束前提供；其他情况下，持牌人须在收到请求之日起 21 个工作日结束前提供。持牌人不得因向消费者提供初步评估副本而要求或索要付款。如果持牌人不遵守以上规定，将处以 5000 个罚款单位的民事罚款；并构成严格法律责任罪，将被处以 50 个处罚单位的刑事处罚。

4）持牌人的信息披露要求

根据法案第 121 条的规定，持牌人在就信贷合同向消费者提供信贷协助时，须向消费者根据方案规定的方式提供披露文件，包括以下内容：

a. 消费者应向持牌人支付的与信贷合同有关的专业服务费用或任何其他费用的总额，以及计算该金额的方法。

b. 对持牌人或持牌人的雇员、董事或信贷代表可能收到的就信贷合同有关的任何间接酬金总额的合理估计，以及计算该数额的方法。

c. 消费者因申请信贷合同而可能要向信贷提供人支付的专业服务费用或任何其他费用总额的合理估计。

d. 消费者因申请信贷合同而可能要向任何其他人支付的专业服务费用或任何其他费用总额的合理估计。

e. 合理估计消费者在支付费用后可能获得的信贷金额。

根据法案第 122 条的规定，如果持牌人在向消费者提供与信贷合同有关的信贷协助过程中，代表消费者向另一人支付了一笔金额（第三方金额），则持牌人不得向消费者要求或索要超过第三方金额的数额，作为对第三方金额的补偿。否则，将处以 5000 个罚款单位的民事罚款；构成犯罪的，将被处以 6 个月监禁的刑事处罚。

5）禁止持牌人建议或协助签订、继续签订不适合的信贷合同

根据法案第 123 条、124 条的规定，持牌人向消费者提供信贷协助时，如果信贷合同不适合消费者，则禁止持牌人建议或协助消费者签订、继续签订不适合的信贷合同或提高其信贷限额。否则，将处以 5000 个罚款单位的民事罚款；构成犯罪的，将被处以 2 年监禁的刑事处罚。

6）对短期和小额信贷合同中信贷协助的特别规定

根据法案第 124A 条的规定，禁止持牌人就短期信贷合同向消费者提供信贷协助，否则，将处以 5000 个罚款单位的民事罚款；构成犯罪的，将被处以 50 个处罚单位的刑事处罚。

根据法案第 124B 条、124C 条的规定，持牌人就小额信贷合同提供信贷协助时，必须按照澳大利亚证券和投资委员会（ASIC）决定的事项向消费者作出陈述，并以书面形式记录消费者是否适合的初步评估，以及就该初步评估进行的查询和核实。否则，将处以 5000 个罚款单位的民事罚款；构成犯罪的，将被处以 50 个处罚单位的刑事处罚。

（2）要求信贷代表向消费者提供信贷指南

澳大利亚 2009 年《消费者信贷保护法案》第 3 章“负责任的借贷行为”第五部分（3~5）对“信贷代表”进行了规定，要求信贷代表向消费者提供信贷指南，旨在更好地告知消费者信息，保护消费者的合法权益。此处的信贷代表，是指代表持牌人行事的人。

根据法案第 158 条的规定，如果持牌人的信贷代表在根据第 3-1 部分代表持牌人行事时向消费者提供持牌人的信贷指南，则该信贷代表必须同时向消费者提供信贷代表的信贷指南。如果违反将处以 5000 个处罚单位的民事处罚。

信贷代表的信贷指南必须采用书面形式以及法案规定的格式和方式，包含以下内容：

1）信贷代表的姓名、联系方式、信贷代表编号。

2）消费者向信贷代表支付的任何专业服务费用和任何其他费用，以及费用数额的计算方法。

3）持牌人的姓名。

如果信贷代表所代表的持牌人不超过6个，则应提供这些持牌人的姓名；如果信贷代表所代表的持牌人超过6个，则应提供信贷代表有理由认为为其开展业务最多的6个持牌人的姓名。

4）信贷代表可能直接或间接从这些持牌人处获得的任何间接酬金，包括对间接酬金数额或范围的合理估计，以及该数额的计算方法。

5）信贷代表与消费者之间解决纠纷的程序，包括消费者诉诸澳大利亚金融投诉管理局（AFCA）计划的详细联系方式。

如果信贷代表不遵守以上规定，则构成严格法律责任罪，将处以50个处罚单位的刑事处罚。

（3）对抵押贷款经纪人和抵押贷款中介的规定

澳大利亚2009年《消费者信贷保护法案》第3章“负责任的借贷行为”第五A部分（3~5A）对“抵押贷款经纪人和抵押贷款中介”进行了规定，本部分规定了抵押贷款经纪人和抵押贷款中介的义务。

抵押贷款经纪人在提供与信贷合同有关的信贷协助时，必须以消费者的最大利益为出发点。如果存在利益冲突，抵押贷款经纪人在提供与信贷合同有关的信贷协助时必须优先考虑消费者。抵押贷款经纪人和抵押贷款中介不得接受有冲突的报酬。雇主、信贷提供者和抵押贷款中介不得向抵押贷款经纪人或抵押贷款中介提供有冲突的报酬。

1）持牌人必须按照消费者的最大利益行事

根据法案第158LA条的规定，如果持牌人是抵押贷款经纪人，在提供与信贷合同有关的信贷协助时，持牌人（抵押贷款经纪人）必须按照消费者的最大利益行事。如果违反将处以5000个处罚单位的民事处罚。

根据法案第158LB条的规定，如果持牌人（抵押贷款经纪人）知道或理应知道，消费者的利益与持牌人、持牌人的合伙人、持牌人的代表、持牌人代表的合伙人的利益之间存在冲突，持牌人在提供信贷协助时，必须优先考虑消费者的利益。如果违反将处以 5000 个处罚单位的民事处罚。

2）信贷代表必须按照消费者的最大利益行事

根据法案第 158LE 条的规定，如果信贷代表是抵押贷款经纪人，信贷代表在持牌人对其实际或表面授权的范围内向消费者提供与信贷合同有关的信贷协助时，信贷代表（抵押贷款经纪人）必须按照消费者的最大利益行事。如果违反将处以 5000 个处罚单位的民事处罚。

根据法案第 158LF 条的规定，如果信贷代表（抵押贷款经纪人）知道或理应知道，消费者的利益与持牌人、持牌人的合伙人、信贷代表、信贷代表的合伙人、持牌人的其他代表、持牌人其他代表的合伙人的利益之间存在冲突，信贷代表在提供信贷协助时，必须优先考虑消费者的利益。如果违反将处以 5000 个处罚单位的民事处罚。持牌人必须采取合理措施，确保信贷代表遵守以上规定，否则将处以 5000 个处罚单位的民事处罚。

3）关于相互冲突薪酬的规定

根据法案第 158N 条的规定，相互冲突的薪酬是指提供给向消费者提供信贷协助的持牌人或持牌人代表的任何货币或非货币形式的利益，由于该利益的性质或给予该利益的情况，可以合理地预期该利益会影响向消费者提供的信贷协助。

a. 持牌人不得接受有冲突的薪酬

根据法案第 158NB 的规定，如果持牌人是抵押贷款经纪人（Mortgage Broker）或抵押贷款中介（Mortgage Intermediary），持牌人不得在法规规定的情况下接受有冲突的薪酬。如果违反将处以 5000 个处罚单位的民事处罚。

b. 信贷代表不得接受有冲突的薪酬

根据法案第 158NC 条的规定，如果持牌人或其代表是抵押贷款经纪人（Mortgage Broker）或抵押贷款中介（Mortgage Intermediary），持牌人的信贷代表不得在法规规定的情况下接受有冲突的薪酬。如果违反将处以 5000 个处罚单位的民事处罚。持牌人必须采取合理措施，确保信贷代表遵守以上规定，否则将处以 5000 个处罚单位的民事处罚。

c. 雇主不得向雇员提供有冲突的薪酬

根据法案第 158ND 的规定，如果持牌人是抵押贷款经纪人（Mortgage Broker）或抵押贷款中介（Mortgage Intermediary），持牌人的雇主不得在法规规定的情况下向持牌人提供有冲突的薪酬。如果违反将处以 5000 个处罚单位的民事处罚。

法案第 158ND 条还规定，如果持牌人或其代表是抵押贷款经纪人（Mortgage Broker）或抵押贷款中介（Mortgage Intermediary），持牌人的代表的雇主不得在法规规定的情况下向该代表提供有冲突的薪酬。如果违反将处以 5000 个处罚单位的民事处罚。

d. 信贷提供人不得提供有冲突的薪酬

根据法案第 158NE 的规定，如果持牌人是抵押贷款经纪人（Mortgage Broker）或抵押贷款中介（Mortgage Intermediary），信贷提供人不得在法规规定的情况下向持牌人提供有冲突的薪酬。如果违反将处以 5000 个处罚单位的民事处罚。

法案第 158NE 条还规定，如果持牌人或其代表是抵押贷款经纪人（Mortgage Broker）或抵押贷款中介（Mortgage Intermediary），信贷提供人不得在法规规定的情况下向持牌人的代表提供有冲突的薪酬。如果违反将处以 5000 个处罚单位的民事处罚。

e. 抵押贷款中介不得给予有冲突的薪酬

根据法案第 158NF 的规定，如果持牌人是抵押贷款经纪人（Mortgage Broker）或抵押贷款中介（Mortgage Intermediary），抵押贷款中介不得在法规规定的情况下向持牌人提供有冲突的薪酬。如果违反将处以 5000 个处罚单位的民事处罚。

法案第 158NF 条还规定，如果持牌人或其代表是抵押贷款经纪人（Mortgage Broker）或抵押贷款中介（Mortgage Intermediary），抵押贷款中介不得在法规规定的情况下向持牌人的代表提供有冲突的薪酬。如果违反将处以 5000 个处罚单位的民事处罚。

2. 澳大利亚证券和投资委员会（ASIC）的监管规定

澳大利亚证券和投资委员会（Australian Securities and Investment Commission，ASIC）对抵押贷款经纪人和中介机构的注册有严格规定。这些规定要求所有从事此类业务的个人和公司都必须向 ASIC 注册，并提交详细的申请资料以供审查。注册成功后，他们必须遵守 ASIC 的行为准则，包括提供真实准确的信贷信息、保护消费者隐私、定期向 ASIC 报告业务情况和财务状况、接受 ASIC 的监督和检查等。同时，从业人员还需具备专业知识和经验，并通过认可的培训和考试。这些规定旨在确保金融市场的稳定和消费者的利益，是金融市场健康发展的重要保障，违反者将面临严重的法律后果，包括罚款、吊销执照甚至刑事责任等。

（1）教育要求

要成为一名持证的抵押贷款经纪人，需要从注册培训机构（Registered Training Organization，RTO）处获得金融和抵押贷款经纪 IV 级证书。该证书将使经纪人对关键问题和抵押贷款产品信息有入门级的了解，掌握诸如产品知识、法律方面知识以及帮助客户获得贷款所需文件等基本技能。注册培训机构可提供线下培训课程、线上培训课程以及线上线下相结合的培训课程供客户选择。行业协会往往对经纪人的教育提出更高要求，如澳大利亚抵押贷款与金融协会（The Mortgage & Finance Association of Australia，MFAA）要求，其成员必须在加入后一年内获得金融和抵押贷款经纪管理文凭，以达到更高的行业教育标准。

（2）继续教育要求

根据澳大利亚证券和投资委员会（ASIC）的规定，抵押贷款经纪人每年至少要完成 20 小时的继续教育，以保证持续专业发展（Continuing Professional Development，CPD）。澳大利亚抵押贷款与金融协会（MFAA）则要求其会员每年至少需要完成 30 小时的 CPD，协会也会为会员提供赚取 CPD 小时数的活动（具体见后）。

（3）获得信贷许可证和争议解决机构会员资格

抵押贷款经纪人要提供信贷援助，必须向澳大利亚证券和投资委员会

（ASIC）申请获批信贷许可证（Australian Credit Licence，ACL），或成为许可证持有人的代表，以及成为澳大利亚金融投诉机构（Australian Financial Complaints Authority，AFCA）的会员。

澳大利亚证券和投资委员会（ASIC）要求申请人至少有两年的经纪经验，才能颁发信贷许可证。因此，作为一名新的经纪人，成为许可证持有人的雇员或签约代表更为合适。

澳大利亚金融投诉机构（AFCA）为消费者提供了一个解决投诉的组织，在消费者和经纪人之间一对一谈判未能解决问题的情况下，由澳大利亚金融投诉机构（AFCA）组织解决投诉。

（4）投保 PI 保险

澳大利亚证券和投资委员会（ASIC）要求抵押贷款经纪人必须投保职业责任保险（Professional Indemnity Insurance，PI Insurance），保障经纪人在提供专业服务的过程中存在或被指控存在不当行为，致使第三方在保险期间内向其提出赔偿请求，而使经纪人遭受的经济损失。

3. 行业自律管理

澳大利亚在贷款中介的监管方面，不仅依赖于法律和监管机构的权威，还积极借助行业自律组织的力量，以加强贷款中介的自我管理和行为准则的遵守。例如，澳大利亚房贷经纪人必须成为金融经纪人协会（FBAA）或抵押贷款与金融协会（MFAA）的会员。澳大利亚金融经纪人协会（FBAA）是贷款经纪行业的专业机构，致力于制定和维护高标准的专业准则。它要求会员即贷款经纪人，遵循严格的道德和行为规范，确保为客户提供公正、透明的服务。FBAA 强调持续教育，确保经纪人掌握最新的金融知识和法规。此外，FBAA 还设有投诉处理机制，保障消费者权益。

澳大利亚抵押贷款与金融协会（MFAA）作为贷款经纪人、金融机构和其他参与房贷业务的专业组织，对贷款经纪人设有严格规定，包括遵守专业标准、定期参加教育培训、处理客户投诉等。会员需满足资格条件，通过认证，并遵守所有法律、法规和 MFAA 规定。MFAA 定期监督会员合规性，确保服务高标准，保护消费者权益，促进行业透明和公平竞争。

澳大利亚抵押贷款与金融协会（MFAA）成立于1980年，截至2024年11月，MFAA拥有15000多名会员。MFAA可以为其会员提供专业和个性化的指导、信息和免费资源。在金融经纪人职业生涯的早期阶段，MFAA的州经理将提供一对一的辅导。MFAA还提供一系列其他福利、价值和支持，如表5-3所示。

表5-3　MFAA提供的福利、价值和支持

序号	MFAA提供的福利、价值和支持
1	免费营销咨询
2	合规帮助
3	研究报告和电子书
4	网络研讨会和活动
5	在主要城市举办全国性会议和颁奖活动
6	广泛的课程和教育模块计划
7	在MFAA的“查找经纪人”目录中免费列出信息
8	免费网站和消费者信息
9	大幅折扣的消费金融计算器，帮助您吸引客户
10	其他

（1）经纪人需与整合商（或特许经营集团）合作

在澳大利亚，金融经纪人开展业务需要整合商的帮助，经纪人会与整合商合作，使整合商“认可”经纪人，从而更容易与贷款人合作。整合商（Aggregators）是指与一系列贷款人打交道的机构，与整合商打交道的一系列贷款人通常被称为贷款人“小组”。整合商通常拥有一个贷款人“小组”，这为其认可的经纪人提供了获得一系列金融产品的渠道。

金融经纪人通过整合商接触到一系列贷款人，可以为客户提供更多选择，以更好地满足客户的财务需求和偏好。整合商提供贷款处理平台、教

育和业务支持，以协助经纪人同贷款人合作。例如，不同的贷款人被要求使用他们自己定制的在线平台提交贷款申请。由于市场上有如此多的贷款人，经纪人需要学习和使用的平台很多。整合商通常会为经纪人提供单一平台的权限，该平台可以与贷款人的各种程序集成，因此经纪人只需使用一个程序即可提交所有贷款申请。整合商的作用如表 5-4 所示。

表 5-4　整合商的作用

整合商的典型作用	整合商的其他作用
1. 为经纪人提供一站式访问一系列贷款人及其金融产品的渠道	7. 提供持有《澳大利亚信贷许可证》的代表
2. 为支付经纪人佣金提供便利	8. 营销和广告支持，包括品牌推广
3. 提供合规框架和支持网络	9. 提供潜在客户信息
4. 提供软件和技术支持，使会员经纪人能够提交、监控和管理金融申请	10. 其他业务建设支持
5. 提供可让经纪人管理客户的软件和技术，如客户关系管理（CRM）系统和贷款资格审查软件	
6. 提供教育、培训和职业发展	

整合商的另一种选择是特许经营集团（Franchise Groups），它通常是由单个品牌代表并运营的一系列经纪人业务，这种模式也为金融经纪人提供整合服务。

（2）经纪人需要导师的协助

在澳大利亚，在金融经纪人职业生涯的前几年，需要导师（Mentor）的协助，MFAA、整合商都可以帮助金融经纪人联系导师。导师将为金融经纪人在与客户互动、填写住房和企业贷款申请表以及管理与贷款人的互动等方面提供指导，也可以帮助其处理日常事务。导师可以陪同经纪人一起参加客户面谈，并在经纪人提交贷款申请之前对其进行审查并提供支持。

MFAA 制定指导标准，并提供指导计划大纲，导师将遵循该计划指导金融经纪人完成一个有条理的计划，以帮助其学习金融经纪业务所有方面的实用技能，包括客户参与、贷款结构、合规要求和业务管理等。

（3）教育要求

监管机构澳大利亚证券和投资委员会（ASIC）要求一名执业的抵押贷款经纪人，需要获得金融和抵押贷款经纪 IV 级证书。澳大利亚抵押贷款与金融协会（MFAA）对经纪人的教育提出更高要求，要求其成员必须在加入后一年内获得金融和抵押贷款经纪管理文凭，以达到更高的行业教育标准。

（4）继续教育要求

监管机构澳大利亚证券和投资委员会（ASIC）要求抵押贷款经纪人每年至少要完成 20 小时的继续教育，澳大利亚抵押贷款与金融协会（MFAA）则要求其会员每年至少需要完成 30 小时的继续教育（Continuing Professional Development，CPD），MFAA 也会为会员提供赚取 CPD 小时数的活动，如表 5-5 所示。

表 5-5　MFAA 为会员提供的赚取 CPD 小时数的活动

序号	MFAA 为会员提供的赚取 CPD 小时数的活动
1	参加课程和培训
2	获得相关资格证书
3	参加专业发展日、会议和研讨会
4	通过开展和介绍研究、撰写文章或行业论文，为行业做出学术贡献
5	其他

四、日本的贷款中介监管政策

（一）日本《金融服务提供法》的相关规定

日本《金融服务提供法》在其第3章中，对“金融服务中介机构”进行了详尽的阐述与规定。“金融服务中介”是指从事存款中介业务、保险中介业务、证券经纪业务、贷款中介业务等业务。除非本人在内阁总理大臣处登记，否则不得开展金融服务中介业务（第12条）。根据第12条想要注册的人应向内阁总理大臣提交登记申请书，并说明事项，填写信息登记申请书（第13条）。申请人的注册申请书或附加文件中存在虚假填写或重要内容信息未得到充分说明，总理必须拒绝注册（第15条）。金融服务中介机构需与放贷业务指定机构签订关于放贷及贷款中介业务相关手续实施的基本协议。同时，若存在贷款中介业务运营的指定争议解决机构，还应签订与贷款中介业务有关的争议解决程序的基本合同，并与该指定机构合作运营，该金融服务中介机构还应披露指定争议解决机构的名称或商号（第28条）。

（二）日本金融厅（FSA）的监管规定

根据日本金融厅（FSA）发布的金融服务中介机构综合监管指南，中介机构禁止向寻求资金的人提供虚假陈述或对不确定事项提供确定性判断。中介机构已制定内部规章制度，确定员工通过公司内部培训，努力让员工充分了解如何按照公司内部规定等妥善处理贷款事务。中介机构不得以借款人以外的人或虚假姓名在金融机构等开立账户。日本金融厅（FSA）的监管包括日常监管、事故报告等方式，一旦发现中介机构存在严重或恶意违反法律法规的情况，可能会暂停所有金融服务。

（三）日本贷款中介机构的行业自律管理

除了政府部门，行业协会对商业信用活动的从业机构也发挥了很大的监管作用。首先，各行业协会都制订了各自的会员章程，依据会员章程对会员的准入、退出等行为进行管理。所有会员享有平等的权利，承担同等的义务。其次，会员间信用信息的共享一般采取“查询+数据报送”并行的方式，这样可以有效地避免会员查询的随意性，加强提供共享信息的及时性。此外，各信用信息中心会根据行业信贷业务的特点和风险控制技术的要求，对信息数据进行针对性的采集和处理，并按照统一的数据规范为行业会员提供共享和查询等服务。对于任何违反法律或者协会规章的会员，协会将对其进行处罚，包括通报批评以及取消会员资格等。

五、韩国的贷款中介监管政策

（一）韩国《金融消费者保护法》的相关规定

在韩国《金融消费者保护法》中第3章规定，从事金融商品销售业务或中介人，应向金融委员会（FSC）登记，并按照第3条的规定，金融委员会（FSC）为金融商品直销商、金融商品销售代理店或金融商品顾问指定存款相关商品、贷款相关商品、投资相关商品、保证商品中的经营范围。如果符合第12条条例中任何一项，公司可以从事销售金融产品的业务，而无需注册（第12条）。在第4章中规定，金融产品销售商不得代表非金融产品销售代表或中介人签订金融产品合同。经纪人在执行销售金融产品的中介业务时，应展示其是销售金融产品的代表经纪人的标志或向金融消费者出示证明（第26条）。

（二）韩国金融委员会（FSC）的监管规定

根据韩国金融委员会（FSC）规定，一是合理完善贷款业务和贷款经纪业务的注册要求，防止年轻一代兼职涌入和违规经营对贷款用户造成损害。二是在贷款人因市场状况等原因遇到临时管理困难的情况下，将调整要求，使其可以免于取消贷款业务登记。三是作为反社会借款合同的种类之一，金融委员会（FSC）将建立本息均无效的超高息借款合同的标准。四是允许任何人向金融监督服务机构举报用于非法私人金融经营活动或非法贷款的电话号码，并制定相关程序和表格，以便对违法活动进行调查和分析或及时暂停电话号码。

（三）韩国贷款中介机构的行业自律管理

韩国贷款中介行业协会（韩国贷款商品销售代理中介业协会，简称KLCA）等行业协会也承担自律管理责任。2021年底金融消费者保护法实施后，主要发放贷款的银行、信用卡公司、融资公司等机构联合成立了“贷款商品销售代理中介业协会”，并制定了行业内部运营规约。协会组织开展贷款咨询师资格认证考试和定期培训，强化从业人员资质要求和职业素养。贷款中介人员必须通过金融培训和评估考试等注册条件，方可由协会登记合格后执业。协会还倡导从业者遵守伦理经营和消费者保护原则，不断宣传合法合规知识并对违规广告进行自我审查（协会网站强调“伦理经营宣传与实践”）。此外，韩国征信金融协会等也对贷款中介市场进行信息披露要求和黑名单管理，推动行业建立诚信档案。

第六部分　我国贷款中介健康发展

一、贷款中介服务的发展趋势

（一）线上化

未来，贷款中介服务将更加线上化，以互联网、大数据等技术为基础，提供更加便捷、高效的服务。贷款中介未来可以通过技术创新和服务优化，提高客户满意度和忠诚度。利用大数据、人工智能等新兴技术，提供更加个性化和精准的贷款服务。同时，业务线上化可以帮助贷款中介更准确地获取客户，提高运营效率。贷款行业在未来的发展过程中应该更多利用互联网的便利性，从线上去寻找客户，同时利用“系统”进行客户、人员，乃至业务绩效的管理跟进。

（二）智能化

回顾贷款中介行业近十年来的发展，消费信贷规模增速放缓，推动头部平台从重资产的担保模式、自营模式向轻资本的科技服务转型，贷款中介服务将更加智能化，并且利用人工智能等技术，降低服务成本，提高风控能力。

就降低服务成本来说，大模型等科技手段已经成为贷款平台优化流程管理的一大助力，这可以降低获客成本和运营成本。如奇富科技的大模型技术研发已开始提升业务效率，该公司通过 AIGC 优化投放的图片、视频素材，降低了9%的获客成本，同时，公司已通过AI编程替换了编码库15%的编码，提高公司业务效率。

就提高风控能力来说，在宏观环境消费缓慢复苏、消费信贷资产质量下行、运营商整治电催线路的背景下，对助贷平台在贷前、贷中、贷后的全流程风险管理都提出更高要求。贷款中介可以通过人工智能技术，建立健全的风控体系，加强对借款人信用状况的审查，防止信贷资金被挪用等风险。如贷款中介公司可以通过加强信贷风险评估与欺诈监测技术，将整体逾期率降低0.1个百分点。

（三）规范化

贷款中介服务将更加规范化，相关法律法规和监管制度将更加完善。近几年对贷款中介的管控政策越来越严，贷款行业想要做大做强，必须合规经营，获客合规、与资方合作合规、搭建渠道合规、与客户的约定协议合规，整个业务模式和公司经营一定要在“合规”二字下进行操作。

强监管正在成为常态化，贷款中介需要严格遵守国家法律法规，确保业务操作合规，避免违规行为。这包括但不限于非法获取个人信息、套路贷等行为。监管部门对贷款中介行业的监管越来越严格，对贷款中介的服务质量和合规性提出了更高的要求。贷款中介应及时调整业务模式，确保自身的合规性。

二、贷款中介的职业发展

1. 职业发展路径

（1）职业起点

要成为一名执业的贷款中介从业人员（或称贷款经纪人），建议要求最低学历为大专或本科学历，特别是专业要求金融、经济、管理等相关方向。需要获得相应的贷款经纪证书，该证书将使经纪人对贷款产品信息有入门级的了解，掌握诸如产品知识、法律方面知识以及帮助客户获得贷款所需文件等基本技能。行业协会可以对经纪人的教育背景提出更高要求。

建议为新入行的贷款经纪人提供导师指导，帮助其快速适应业务需求。入职的初始岗位是贷款顾问助理，负责协助资深员工处理客户咨询、资料收集和初步评估。

（2）职业晋升

在初始工作的 1~3 年属于贷款经纪人职业发展的初级阶段，可以担任初级贷款顾问，能独立处理简单贷款业务，积累客户资源和业务经验。从业 3~5 年的贷款经纪人，可以担任中级贷款顾问，能够独立处理复杂贷款业务，设计专业贷款方案，进行风险评估。从业 5 年以上的属于高级贷款顾问，能够负责团队管理、业务拓展和风险控制。职业晋升路径如图 6–1 所示。

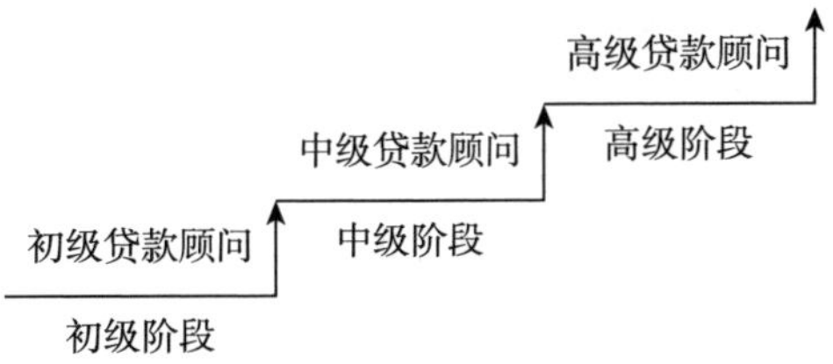

图 6–1　贷款经纪人的职业晋升路径

2. 专业认证

参考澳大利亚的信贷许可证制度，建立我国贷款中介的统一认证体系，以提升行业整体专业水平。

（1）获得贷款中介许可证

贷款经纪人要提供贷款援助，必须向相关监管机构申请获批贷款中介许可证，或成为许可证持有人的代表或者雇员。建议监管机构要求贷款经纪人至少有 2~3 年的经纪经验，才能颁发贷款中介许可证。

（2）加入行业自律组织

建议成立贷款中介行业协会，加强贷款中介行业的自律管理，制定严格的职业道德和行为规范。贷款经纪人必须加入行业自律组织。

3. 继续教育

为了提升贷款经纪人的专业能力，要求抵押贷款经纪人每年至少完成20~30小时的继续教育，行业协会可以规定更高的继续教育学时要求。行业协会应提供线上线下结合的多样化学习资源，包括培训课程、在线学习平台等，培训的内容包括最新的法规政策、市场动态与产品创新等。

三、贷款中介健康发展的政策建议

在系统梳理我国现有贷款中介监管政策，充分借鉴部分国家和地区的先进监管经验的基础上，结合对金融机构、客户以及贷款中介机构的实地调研，提出以下促进我国贷款中介行业健康发展的政策建议。

（一）完善法律法规体系

建议加快出台专门针对贷款中介的法律法规，明确贷款中介的准入门槛、业务范围、内部控制、风险管理制度等要求，并设立严格的审批程序，确保只有具备资质的机构才能进入市场。法律中应详细规定贷款中介的业务操作规范，禁止其从事超出许可范围的业务活动，防止业务交叉带来的监管套利和风险传递。对于贷款中介的违法违规行为，应加大处罚力度，如对违规机构处以高额罚款、吊销牌照，对相关责任人追究刑事责任等，使违法成本远高于违法收益，从而有效遏制不法行为，维护市场秩序。调查问卷中多数客户（87.5%）和贷款中介机构（88.89%）均建议规范行业准入资质、发放贷款中介牌照，这表明市场参与者对明确法律框架和规范市场准入有着强烈的诉求。

（二）加强监管协调与合作

建议由国家金融监督管理总局牵头，联合人民银行、地方金融监督管理局、工商局等部门，建立统一的贷款中介监管协调机制。明确各部门在贷款中介监管中的职责分工，避免出现监管空白或重叠。各部门应定期召开联席会议，共享监管信息，协调监管行动，共同研究解决监管中遇到的问题。对于跨区域经营的贷款中介，应加强区域间的监管协调，建立联合监管机制，确保监管政策的一致性和有效性，防止监管套利。

（三）强化行业自律管理

建议积极培育全国性和区域性的贷款中介行业协会，制定统一的行业自律规范和行为准则，涵盖贷款中介的业务操作流程、风险控制、信息披露、从业人员行为等方面，要求会员机构严格遵守。同时，建立行业内部的监督检查机制，定期对会员机构进行检查和评估，对违反自律规范的机构采取警告、罚款、暂停会员资格等措施。行业协会还应组织开展从业人员培训，提高从业人员的专业素质和合规意识。此外，建议行业协会建立贷款中介白名单和黑名单制度，对信誉良好、合规经营的机构列入白名单，向社会公示，引导客户选择；对存在违法违规行为或不良记录的机构列入黑名单，限制其业务活动，直至清出市场。

（四）加强信息披露与透明度监管

建议要求贷款中介建立健全信息披露制度，详细披露服务内容、收费标准、贷款产品信息、合作金融机构信息等重要事项。监管部门应加强对信息披露的监督检查，确保披露信息的真实、准确、完整和及时。对于信息披露不规范的贷款中介，责令其限期整改，并依法予以处罚。同时，建议监管部门建立统一的信息披露平台，整合贷款中介的披露信息，方便客户查询和比较。此外，鼓励贷款中介通过多种渠道向社会公众披露信息，如官方网站、行业协会网站、媒体等，提高信息透明度和市场公信力，增强消费者对贷款中介市场的信心，促进市场的良性发展。

（五）加强消费者权益保护

建议建立健全贷款中介消费者投诉处理机制，畅通投诉渠道，确保消费者能够及时、便捷地表达诉求。监管部门应及时受理和处理消费者的投诉和举报，对投诉处理过程进行全程跟踪和监督，确保消费者投诉得到及时、有效的解决；同时，加强对消费者投诉处理工作的监督检查，定期对投诉处理情况进行总结和分析，针对发现的问题及时采取改进措施。此外，建议加强对贷款中介和消费者的教育和引导，通过多种渠道向消费者普及贷款知识、风险防范知识和维权途径，提高消费者的金融知识水平和风险意识，探索建立贷款中介消费者赔偿机制，对因贷款中介违法违规行为导致消费者权益受损的，给予消费者合理的赔偿，切实维护消费者的合法权益，增强消费者对贷款中介市场的信心，促进市场的健康稳定发展。

（六）实施从业人员备案管理

建议建立贷款中介从业人员备案管理制度，要求从业人员具备相应的专业知识和从业资格，通过考试或培训等方式取得从业资格证书，并在监管部门进行备案登记。备案信息应包括从业人员的姓名、身份证号、从业资格证书编号、所在机构、从业经历等详细信息。监管部门应加强对从业人员的监督管理，定期对从业人员的从业行为进行检查和评估，对存在违法违规行为或不规范操作的从业人员，采取警告、罚款、吊销从业资格证书等措施。同时，建议建立从业人员信用档案，记录其从业过程中的良好行为和不良行为，向社会公示，引导客户选择信誉良好的从业人员提供服务，从而提高从业人员的自律意识和职业操守。

（七）规范营业执照经营范围

建议监管部门对贷款中介的营业执照经营范围进行严格规范，明确贷款中介的经营范围应包括但不限于贷款咨询、贷款业务撮合、贷款风险管理等与贷款中介业务直接相关的服务，禁止其从事超出经营范围的业务活动。对于营业执照经营范围不明确或不符合规定的贷款中介，责令其限期整改，规范经营范围。同时，监管部门应加强对贷款中介营业执照经营范围的监督检查，确保其经营行为与营业执照相符，防止超范围经营带来的风险和监管漏洞。

（八）加大对不法贷款中介司法打击力度

建议加强司法机关与监管部门的协作配合，建立联合打击机制。对于涉嫌违法犯罪的贷款中介，监管部门应及时移送司法机关，依法追究其刑事责任。司法机关应加大对不法贷款中介的打击力度，依法从快从重惩处，形成强大的司法威慑力。同时，建议建立不法贷款中介案件的快速处理通道，提高案件办理效率，缩短办案周期，确保不法贷款中介得到及时惩处。此外，加强司法宣传和教育，通过典型案例的曝光和宣传，提高社会公众对不法贷款中介的防范意识和识别能力，营造良好的社会舆论环境。

（九）成立第三方贷款中介评级机构

建议支持和鼓励成立独立的第三方贷款中介评级机构。该机构应具备专业的评级团队和科学的评级方法，对贷款中介的服务质量、风险管理能力、信誉状况等进行全面、客观、公正的评级。评级结果应向社会公示，为客户提供参考依据，引导客户选择信誉良好、服务质量高的贷款中介。同时，监管部门应加强对第三方贷款中介评级机构的监督管理，确保评级机构的独立性和公正性。对于存在虚假评级或不正当竞争行为的评级机构，应依法予以处罚，从而维护评级市场的正常秩序。

（十）夯实银行对合作机构管理责任

建议明确银行对合作贷款中介的管理责任。银行在选择合作贷款中介时，应严格审查其资质和信誉状况，确保合作机构具备合法的经营资格和良好的市场信誉。在合作过程中，银行应加强对贷款中介业务活动的监督和管理，定期对合作机构的经营状况、风险状况进行评估，发现问题及时采取措施进行整改。对于因合作贷款中介的违法违规行为给客户造成损失的，银行应承担相应的连带责任。同时，监管部门应加强对银行与贷款中介合作业务的监督检查，确保银行切实履行对合作机构的管理责任，维护金融市场稳定和消费者权益。

相信通过以上政策的实施，可以有效规范我国贷款中介市场秩序，保护消费者权益，促进金融市场健康稳定发展。

致 谢

本专书到了重庆步客科技有限公司、中关村互联网金融研究院的大力支持。四川新网银行、重庆农商银行、重庆富民银行、华夏银行、兴业银行、马上消费金融等金融机构以及新浪金融、58 数科、携程金融、百望云、中锦数柚科技有限公司、四川御顺金融外包服务有限公司、四川晶融汇企业管理咨询服务有限公司、成都金海豚科技有限公司、四川鼎融普惠科技有限公司、人人享商业运营管理（重庆）有限公司、北京靠谱前程网络技术有限公司等公司在课题调研及问卷调查方面也给予了有力支持，在此表示衷心感谢。

参考文献

［1］Martinez J D L，Rose T A.International Survey of Integrated Financial Sector Supervision［J］.Policy Research Working Paper Series，2023.

［2］János Kálmán.The Institutional Framework for the Supervision of the Financial Intermediary System in Hungary［J］.Public Finance Quarterly，2023，60.

［3］Louis J V.Banking Supervision in the European Community.Institutional Aspects［J］.Institute Composed of J.v.louis Chairman I.begg E.garcia De，2022.ISSN:13780352.

［4］方晓燕.信贷市场中介机构的比较研究［J］.乡镇经济，2005，（05）:58–61.

［5］张铭杰.贷款中介调研及银行信贷服务提升研究［J］.中国农村金融，2023，（08）:90–92.

［6］杜庆娟.织密不法贷款中介防护网［J］.中国农村金融，2023，（12）:90–91.

［7］娄飞鹏.治理不法贷款中介维护金融安全稳定［J］.中国农村金融，2023，（08）:95–96.

［8］王永存，李晓宁，赵亮.严打不法贷款中介保护消费者合法权益［J］.中国农村金融，2023，（09）:35–37.

［9］王涛.提升不法贷款中介风险管控能力［J］.中国农村金融，2023，（12）:86–87.

［10］张年辉.治理不法贷款中介净化信贷生态环境［J］.中国农村金融，2023，（12）:88–89.

［11］欧阳班勇．“红闪闪”让“黑中介”无所遁形［J］．中国农村金融，2023，（12）:92-93.

［12］李彦彦．三重视角防范不法中介扰乱信贷服务［J］．中国农村金融，2023，（08）:93-94.

［13］广西银保监局课题组．着力构建治理不法贷款中介长效机制［J］．中国农村金融，2023，（12）:84-85.

［14］丁鸣．贷款中介机构扰乱金融秩序亟需防范［J］．民主，2023，（08）: 35.

［15］杨小强，林锋，彭爱美．借鉴国际经验规范国内信贷中介市场［N］．金融时报－中国金融新闻网，2024-05-06.

［16］宋科，傅晓俊．监管沙盒的国际经验与中国应用——兼论我国“监管试点”与“监管沙盒”的异同［J］．金融监管研究，2021，（09）:100-114.

［17］中国裁判文书网．初某与中国某委员会其他二审行政裁定书［EB/OL］．（2024-03-09）［2025-04-01］https://wenshu.court.gov.cn/website/wenshu/181107ANFZ0BXSK4/index.html？docId=6Dz40boryH+frUC6D2vqCRPg5jT0ZcjfeCxFmzvwK1shPlHmYHLq55O3qNaLMqsJooD/RC7TPc9HMpYHxyYoyQDCPUnTMEz0NYBCWWUlHxdGeCyJyWEUH9msQV4Y0iMMulcMSVa8QU1jycZBcSZr0VP4XU7Xq68a.

［18］中国裁判文书网．吴某杰、韦某良等中介合同纠纷民事申请再审审查民事裁定书［EB/OL］．（2024-08-23）［2025-04-01］https://wenshu.court.gov.cn/website/wenshu/181107ANFZ0BXSK4/index.html？docId=uTSeDHv6CJF0RpUA/gCvn3fekGeLq+LRCcW4vCiBLTig7GKHZBhaCZO3qNaLMqsJooD/RC7TPc9HMpYHxyYoyQDCPUnTMEz0NYBCWWUlHxdGeCyJyWEUH9msQV4Y0iMMulcMSVa8QU1jycZBcSZr0VP4XU7Xq68a.

［19］人民法院案例库．李某、王某贷款诈骗、洗钱案［EB/OL］．（2023-04-01）［2025-04-01］https://rmfyalk.court.gov.cn/view/content.html？id=0%252FtV47%252FccDAguGqN7ZFBEHtVjypQA0RqyT43OFLFvA g%253D&lib=ck&qw=%E8%B4%B7%E6%AC%BE%E4%B8%AD%E4%BB%8B.

[20] UK Consumer Credit Act 1974, November 1994.

[21] UK Consumer Credit sourcebook (CONC), Jan 2024, www.handbook.fca.org.uk.

[22] UK FCA.Our work on motor finance – update, March 2018.

[23] UK FCA.Our work on motor finance – final findings, March 2019.

[24] UK FLA.Best Practice Guidance on Intermediary Oversight, May 2019.

[25] US CFPB.Secure and Fair Enforcement for Mortgage Licensing Act (SAFE Act), Manual V.2 (October 2012) .

[26] Pahl, Cynthia. 2007. "A Compilation of State Mortgage Broker Laws and Regulations, 1996–2006." Federal Reserve Bank of Minneapolis, Community Affairs Report No. 2007–2 (August), www.minneapolisfed.org/community/pubs.

[27] National Association of Mortgage Brokers. Code of Ethics , 2017.

[28] Australia National Consumer Credit Protection Act 2009, 1 January 2024.

[29] Japan' s Financial Services Act, 1 April 2024.

[30] South Korea' s Financial Consumer Protection Act, 14 August 2024.

附　录

客户对贷款中介服务质量调查问卷

尊敬的客户：

您好！感谢您抽出宝贵的时间参与本次关于贷款中介服务质量的调查。贷款中介作为金融领域的桥梁，为众多像您一样的客户提供了便捷的贷款服务。为了进一步提升贷款中介行业的服务品质，规范市场秩序，我们希望通过本次问卷调查，深入了解您与贷款中介接触过程中的真实体验和感受。您的意见对我们至关重要，将为贷款中介行业的健康发展提供宝贵的参考。请您根据实际情况，客观、真实地填写问卷。我们郑重承诺，您提供的所有信息将仅用于本次调查研究，我们会严格保密，不会泄露您的任何个人信息。再次感谢您的支持与配合！

第 1 题　您是否与贷款中介有过接触？　　[单选题]

是
否

第 2 题　您通过哪种方式接触到贷款中介？　　[多选题]

电销
网销
陌拜
通过互联网平台接触
线下广告投放(如地铁广告等)

线上广告投放(如抖音、小红书等)

第3题　您期望从贷款中介获得哪些服务?　　[多选题]

贷款申请代办服务(帮助借款人准备贷款申请材料、办理相关手续)
贷款经纪服务(贷款咨询、贷款评估、贷款撮合等)
贷款顾问服务(贷款置换、债务重组、融资方案设计等)

第4题　您对贷款中介的印象是怎样的?　　[多选题]

专业可靠
服务周到
费用透明
响应迅速
收费昂贵
专业度低
虚假宣传
诱导贷款
其他

第5题　在与贷款中介的沟通中，您觉得从业人员的专业程度如何?
[单选题]

非常专业
专业
一般
不太专业
非常不专业

第6题　对于贷款中介的服务效率，您的评价是?　　[单选题]

非常高效
高效
一般
低效

非常低效

第 7 题　贷款中介的服务费用是多少？　　［单选题］

每笔按固定金额收取，具体金额
1% 以下
1%~2%
3%~4%
5%~6%
7% 及以上

第 8 题　您认为贷款中介收取的服务费用是否合理？　　［单选题］

非常合理
合理
一般
不合理
非常不合理

第 9 题　在与贷款中介合作过程中，您关注以下哪些方面？　　［多选题］

个人信息安全
合理收费
贷款办理过程透明
贷款手续合规合法
其他

第 10 题 通过贷款中介提供的服务是否解决了您的资金需求？[单选题]

解决
部分解决
没解决

第 11 题 您是否会考虑再次与贷款中介合作？ [单选题]

一定会考虑
可能会考虑
不确定
不会考虑
绝对不会考虑

第 12 题 您选择与贷款中介合作的理由是什么？ [多选题]

对银行产品、风控策略不熟悉，贷款中介能提高成功率
贷款中介能根据客户需求优化融资方案，提供相关专业服务
自主申请耗费大量时间成本，贷款中介能使办理贷款省心省力
贷款中介能帮助取得更高的授信额度
希望通过贷款中介包装成功获取贷款
其他

第 13 题 您对贷款中介行业规范有何建议？ [多选题]

监管机构认可贷款中介行业
规范行业准入资质，发放贷款中介牌照
规范营业执照经营范围(如加入“贷款中介”)
实施从业人员备案管理(如考取从业资格证)

明确监管贷款中介机构（如人民银行、地方金融监督管理局、工商局等）
成立贷款中介行业协会（全国性 / 区域性）
建立贷款中介白名单、黑名单
规范服务收费标准
加强金融机构对贷款中介管理责任
成立第三方贷款服务评级平台
加强消费者权益保护（如客户隐私信息保护）
其他

第 14 题　您是否愿意分享您的联系方式以便我们后续与您沟通？（该信息不强制填写）　[填空题]

第 15 题　请选择省份城市与地区：　[填空题]

金融机构对贷款中介的调查问卷

尊敬的金融机构同仁：

您好！在金融行业多元发展的当下，贷款中介与金融机构的合作愈发紧密，共同推动着金融服务的创新与发展。为了更好地把握合作现状，优化合作模式，提升金融服务的整体效能，我们特开展此次调查。本问卷旨在深入了解您所在金融机构与贷款中介合作的实际情况、面临的挑战以及您的宝贵建议。您的反馈将为我们提供极具价值的行业洞察，助力金融机构与贷款中介实现更高效、更稳健的合作。请您根据实际情况，认真填写问卷。我们郑重承诺，您提供的所有信息将仅用于本次调查研究，我们会严格保密，不会泄露您所在机构的任何敏感信息。感谢您的参与与支持！

问题一：您所在金融机构类型　［单选题］

国有大型银行(工、农、中、建、交、邮)
股份制银行
民营银行(包括互联网银行)
城商行
农商行(含信用社)
村镇银行
消费金融公司
小额贷款公司
其他

问题二：您所在部门及职位　　[多选题]

公司业务部
普惠金融部
三农部
网络金融部
支行（分理处）
其他
部门经理
客户经理

问题三：您对市场贷款中介的态度？　　[单选题]

警惕
保持接触
谨慎合作
保持开放

问题四：您所了解的与贷款中介合作的贷款产品种类通常是哪些？[多选题]

个人消费贷款
小微企业主经营贷款
抵押贷款
小微企业信用贷款
小微企业抵押贷款
其他

问题五：您认为与贷款中介合作对于金融机构来说有哪些作用？［多选题］

扩大贷款产品销售渠道
提高金融机构获客效率
提升金融机构产品匹配度
提升客户满意度
其他

问题六：您所了解的通过贷款中介获取的客户数量百分比 ［单选题］

20%以下
21%~40%
41%~60%
61%~80%
80%以上

问题七：在与贷款中介接触过程中，您认为哪些环节需要改进或优化？ ［多选题］

信息沟通与传递
贷款申请流程
费用结算与合作条款
风险管理与合规性检查
其他

问题八：如果要与贷款中介合作，哪些方面对于金融机构来说最为重要？　[多选题]

中介的专业程度和服务质量
中介的客户群体和市场需求洞察力
中介的技术能力和信息化水平
中介的费用透明度和合理性
其他

问题九：如果与贷款中介合作，金融机构应如何选择合作的中介？[单选题]

通过中介的品牌知名度和市场口碑
通过过往合作经验和案例分析
通过中介机构的专业资质和认证情况
通过与其他金融机构的交流和推荐
其他

问题十：与贷款中介的合作过程中，您认为存在哪些主要挑战或问题？　[多选题]

合作流程繁琐，沟通成本高
信息传递不及时，缺乏透明度
中介服务质量不稳定，缺乏统一标准
合作费用高昂，与收益不成比例
其他

问题十一：为了规范贷款中介合作，金融机构应当采取哪些举措？［多选题］

建立常态化监督机制
扣除部分佣金
解除合作协议
其他

问题十二：您所了解的金融机构与贷款中介的合作模式有哪些？［多选题］

签订公对公合作协议
非书面合作
其他

问题十三：您所了解的金融机构与哪些类型的贷款中介合作？［多选题］

传统贷款中介服务（以线下服务为主，通过代办、经纪、顾问等方式为借款人和贷款机构提供服务的贷款中介服务）
新型贷款中介服务（以线上服务为主，利用互联网、大数据等技术，为借款人和贷款机构提供服务的贷款中介服务）
两者都有

问题十四：您认为当前与贷款中介的合作中哪些方面表现较好，值得肯定？［多选题］

合作流程顺畅，沟通高效及时响应需求变化能力强
中介服务专业度高，能够提供有价值的咨询和建议
费用透明合理，与合作收益相匹配
中介在风险管理和合规性方面表现良好
其他

问题十五：与贷款中介的合作中，您希望实现哪些目标或改进？
［多选题］

提高合作效率和响应速度，优化合作流程
加强信息透明度和数据共享，提升决策准确性
降低合作费用，提升成本效益比例
加强风险管理和合规性检查，保障业务安全稳定发展
其他

问题十六：您对贷款中介行业规范有何建议？　［多选题］

加强贷款中介机构资质监管，发放贷款中介牌照
成立行业协会，加强行业自律
实施贷款中介从业人员备案管理
加大不法贷款中介司法打击力度
规范服务收费、服务标准
夯实银行对合作机构管理责任
成立第三方贷款服务评级平台
建立贷款中介白名单、黑名单
其他

问题十七：如有需要，您是否愿意与我们进一步沟通或提供更多关于与贷款中介合作的反馈信息？　［单选题］

是，非常愿意提供进一步的反馈和帮助
是，但需要进一步安排时间和方式进行沟通
否，目前暂时没有时间或意愿提供进一步的反馈
联系方式

请选择省份城市与地区：　［填空题］

贷款中介机构现状调查问卷

尊敬的贷款中介机构同仁：

您好！作为贷款中介行业的从业者，您身处行业发展的前沿，对行业的现状、机遇与挑战有着深刻的洞察。为了全面了解贷款中介机构的运营情况，梳理行业的发展脉络，为行业的规范与创新提供依据，我们特别发起此次调查。本问卷将围绕机构的基本信息、业务模式、合作情况、面临的挑战等多个维度展开，旨在收集您最真实的声音。您的回答将为我们勾勒出贷款中介行业的全景图，为行业的可持续发展贡献力量。请您根据实际情况，如实填写问卷。我们郑重承诺，您提供的所有信息将仅用于本次调查研究，我们会严格保密，不会泄露您所在机构的任何商业机密。衷心感谢您的参与与支持！

第 1 题　公司成立于哪一年？____________________　[填空题]

第 2 题　公司的人员规模是多少？__________________　[填空题]

第 3 题　公司 2023 年贷款发放总额是多少？____________亿元　[填空题]

第 4 题　公司属于哪种类型的贷款中介？　[单选题]

兼业线下中介（如链家等）
专业线下中介（如御顺、摩尔龙等）
互联网金融服务平台（如新浪数科、客一客等）
共享办公平台
背包客
其他

第 5 题　公司与哪些金融机构有合作关系？　　［多选题］

大型银行
股份制银行
民营银行（含互联网银行）
城商行
农商行
信托公司
消费金融公司
小额贷款公司
其他

第 6 题　目前主要服务于哪些客户群体？　　［多选题］

个人消费者
个体工商户
小微企业
中型企业
其他

第 7 题　获客方式有哪些？　　［多选题］

电销
网销
陌拜
通过平台导流
线下广告投放（如地铁广告等）
线上广告投放（如抖音、小红书等）
其他

第 8 题　目前提供的贷款产品主要包括哪些类型？　［多选题］

个人消费贷款
小微企业主经营贷款
抵押贷款
小微企业信用贷款
小微企业抵押贷款
其他

第 9 题　收费模式是哪种？　［单选题］

客户端
资方端
两种都有
其他

第 10 题　收费费率是多少？　［单选题］

每笔按固定金额收取
1% 以下
1%~2%
3%~4%
5%~6%
7% 及以上

第 11 题　收费基数是哪种？　［单选题］

按照贷款金额收费
按照贷款利息收费
两种都有
其他

第 12 题 您认为贷款中介机构存在的意义？ [多选题]

降低客户时间成本
为客户提供多家金融机构贷款产品
提高金融机构获客效率
其他

第 13 题 您认为目前公司面临的挑战有哪些？ [多选题]

市场竞争加剧
技术创新压力
客户需求多样化
收费没有统一标准
员工离职率高
不法贷款中介扰乱市场
监管机构不认可行业
没有监管政策 / 法规
客户转化率低
“层级利益化”严重
其他

第 14 题 您对贷款中介行业健康有序发展有何建议？ [多选题]

监管机构认可贷款中介行业
规范行业准入资质，发放贷款中介牌照
规范营业执照经营范围(如加入“贷款中介”)
实施从业人员备案管理(如考取从业资格证)
明确监管贷款中介机构(如人民银行、地方金融监督管理局、工商局等)
成立贷款中介行业协会(全国性 / 区域性)
贷款中介白名单、黑名单
规范服务收费标准
加强金融机构对贷款中介管理责任
成立第三方贷款服务评级平台
加强消费者权益保护(如客户隐私信息保护)
其他

第 15 题　客户贷款平均额度？　　[单选题]

1万元以下
1万~10万元
11万~30万元
31万~50万元
50万元以上

第 16 题　您是否愿意分享您的联系方式以便我们后续与您沟通？(该信息不强制填写)____________　[填空题]

第 17 题　请选择省份城市与地区：______　[填空题]

贷款中介机构访谈提纲

1. 从企业角度理解的贷款中介行业的基本概况

（1）贷款中介行业的定义、分类

（2）贷款中介产业链结构

（3）行业发展的主要痛点

（4）行业规范发展的建议

2. 公司的基本情况

（1）公司的人员构成（学历、年龄等）、规模

（2）公司的获客方式、与金融机构的合作模式

（3）公司业务规模（接待客户量、业务金额等）

（4）公司的战略规划、业务模式及产品种类

（5）成功案例

（6）公司发展过程中遇到的主要问题及政策支持

金融机构访谈提纲

1. 从金融机构角度理解的贷款中介行业的基本概况

（1）贷款中介行业的定义、分类

（2）贷款中介产业链结构

（3）行业发展的主要痛点

（4）行业规范发展的建议

2. 金融机构与贷款中介的合作情况

（1）合作模式与流程

（2）合作效果评估

（3）风险控制与管理

（4）合作中的问题与挑战

（5）未来合作展望

3. 金融机构对贷款中介行业的期望与建议

（1）期望的贷款中介服务标准

（2）对贷款中介行业的政策建议

（3）对贷款中介行业的创新建议